ANJA MEINDL

NINA BÜRKLIN

WHEN TO TRUST GREEN?

WAS MACHT NACHHALTIGKEITSKOMMUNIKATION GLAUBWÜRDIG

FGM-Verlag

Verlag der FGM Fördergesellschaft Marketing e. V.

an der Ludwig-Maximilians-Universität München

Arbeitspapier zur Schriftenreihe SCHWERPUNKT MARKETING Band 207

Herausgeber: Univ.-Prof. Dr. Paul W. Meyer †/Univ.-Prof. Dr. Anton Meyer

Meindl, Anja; Bürklin, Nina
When to Trust Green? Was macht Nachhaltigkeitskommunikation glaubwürdig
FGM-Verl., Verl. der Fördergesellschaft Marketing e.V., 2014
(Arbeitspapier zur Schriftenreihe Schwerpunkt Marketing; Bd. 207)
ISBN 978-3-940260-32-1

FGM Fördergesellschaft Marketing e.V. an der LMU München, Ludwigstr. 28 RG, 80539 München, www.marketingworld.de, Telefon 089/2180-2448, Telefax 089/2180-3322

Druck: Books on Demand GmbH, Norderstedt

ISBN 978-3-940260-32-1

MIX
Papier aus verantwortungsvollen Quellen
Paper from responsible sources
FSC® C105338

Inhaltsverzeichnis

Anhangsverzeichnis

Abkürzungsverzeichnis

Abb.	Abbildung
BMU	Bundesministerium für Umwelt, Naturschutz und Reaktorsicherheit
bspw.	beispielsweise
bzgl.	bezüglich
ca.	circa
CSR	Corporate Social Responsibility
DSP	Dominant Social Paradigm
FG	Fokusgruppe
ggf.	gegebenenfalls
ggü.	gegenüber
Hrsg.	Herausgeber
min.	mindestens
Mrd.	Milliarde
P	Proband
RNE	Rat für Nachhaltige Entwicklung
u. a.	unter anderem
UNCED	United Nations Conference of Environment and Development
vgl.	vergleiche
z. B.	zum Beispiel

Abbildungsverzeichnis

1. Einleitung

1.1 Glaubwürdigkeit von Nachhaltigkeit als Herausforderung im Bereich Marketing

Der Begriff Nachhaltigkeit ist sowohl im Alltag als auch in der Unternehmenswelt weit verbreitet.[1,2] Im Gegensatz zu den zwei vorherigen Jahren entwickelte sich der Begriff sehr populär, sodass im Jahr 2010 bereits 43% der deutschen Bürger schon einmal von dem Konzept der nachhaltigen Entwicklung gehört hatten.[3] Nicht nur die Gesellschaft an sich, auch verschiedenste Institutionen und vor allem Unternehmen erkennen diese steigende Bedeutung[4]. Aber nicht nur der äußere Druck von Stakeholdern[5] oder strengere Vorschriften, mit denen Unternehmen zunehmend konfrontiert werden, führen zu nachhaltigen Unternehmensaktivitäten.[6] Viele Unternehmen haben erkannt, dass sie durch die Verankerung von Nachhaltigkeitsaspekten in ihrer Strategie konkreter auf Stakeholder-Interessen eingehen[7] und somit durch nachhaltige Unternehmenstätigkeiten den finanziellen Erfolg positiv beeinflussen können[8]. Das Thema Nachhaltigkeit hat deswegen auch Einzug in viele Vorstandsetagen gefunden[9] und große Firmen gehen mit gutem Beispiel voran.[10] Dass erwartungsgemäß zukünftig eine steigende Zahl von Konsumenten Nachhaltigkeitsaspekte in ihre Einkaufsentscheidungen miteinbeziehen, macht ein „grünes Engagement“ umso attraktiver.[11]

---

[1] Vgl. Glathe (2010), S. 15.
[2] Für eine Definition und Begriffsabgrenzung von Nachhaltigkeit vgl. Abschnitt 2.
[3] Vgl. BMU et al. (2010), S. 40.
[4] Für die vorliegende Arbeit wird ‚Unternehmung‘ synonym verwendet zum Begriff‘ Unternehmen‘ und gemäß Hinterhuber (2004) wie folgt definiert: „Die Unternehmung ist ein kognitives System, das über eine Vielzahl von Beziehungen mit internen und externen Kunden (Kunden, Mitarbeiter, Anteilseigner und „Financial Community“, Gesellschaft im weitesten Sinn, Lieferanten und verbündete Unternehmungen) Werte hervorbringt; sie sichert sich Wettbewerbsvorteile dadurch, dass sie Kernkompetenzen schneller und besser erwirbt, entwickelt und nutzt als die Konkurrenten und dadurch ihre Kunden begeistert“ (S. 9f.).
[5] Für die vorliegende Arbeit werden Stakeholder gemäß Freeman (2010) wie folgt definiert: „Simply put, a stakeholder is any group or individual who can affect, or is affected by, the achievement of a corporation's purpose. Stakeholders include employees, customers, suppliers, stockholders, banks, environmentalists, government and other groups who can help or hurt the corporation” (S. vi).
[6] Vgl. Leonidou et al. (2013), S. 151.
[7] Vgl. Kassinis et al. (2006), S. 156.
[8] Vgl. Luo et al. (2006), S. 15.
[9] Vgl. Cronin et al. (2011), S. 158.
[10] Für konkrete Beispiele vgl. Kotler (2011), S. 133.
[11] Vgl. Kotler (2011), S. 133.

Aus Sicht des Marketing[12] hat sich mit dem sog. Nachhaltigkeitsmarketing[13] eine eigene Disziplin herausgebildet, die sich nachweislich positiv auf die Unternehmensperformance auswirkt,[14] jedoch ein Umdenken der Unternehmensführung sowie die Anpassung der Marketingpraktiken verlangt.[15] Nachhaltiges Marketing bedingt also einen Prozess sozio-kultureller Implikationen,[16] da Unternehmen ihren Stakeholdern Rechenschaft über ihre Nachhaltigkeitsaktivitäten ablegen und sie von deren Wirksamkeit überzeugen müssen.[17] Die Kommunikation über das nachhaltige Engagement ist folglich von entscheidender Bedeutung, da die faktische Leistung vieler Unternehmen bzgl. nachhaltiger Aktivitäten deutlich größer ist als man es von außen vermuten würde.[18] Insbesondere aber die Glaubwürdigkeit dieser Kommunikation stellt den Schlüsselfaktor zum Erfolg dar.[19]

Glaubwürdigkeit von Nachhaltigkeitskommunikation wird vor allem durch zwei Faktoren unabdingbar: der zunehmenden Komplexität von Informationen[20,21] sowie der steigenden Transparenz durch neue Medien.[22,23] Konsumenten sind dadurch in der Lage, nicht nur mit, sondern auch über das

---

[12] Gemäß Meyer et al. (2013, in Vorbereitung) bedeutet Marketing, „unter aktiver Beteiligung aller Wertschöpfungspartner auf effiziente Art und Weise einen überlegenen Nutzen für die unterschiedlichen Anspruchsgruppen / Stakeholder einer Organisation zu schaffen, um nachhaltig überdurchschnittliche Wertzuwächse zu erzielen."

[13] Nachhaltigkeitsmarketing wird in diesem Kontext synonym zu dem Begriff ‚sustainability marketing' verwendet, welcher gemäß Belz et al. (2009) wie folgt definiert ist: „[S]ustainability marketing represents an evolution of marketing that blends the mainstream economic and technical perspectives with the emerging concepts of relationship marketing and the social, ethical, environmental and intergenerational perspectives of the sustainable development agenda" (S. 18).

[14] Vgl. Leonidou et al. (2013), S. 167.

[15] Vgl. Kotler (2011), S. 132.

[16] Vgl. McDonagh (1998), S. 593; beispielhaft angeführt wird Goldman (1992), S. 2.

[17] Vgl. Kotler (2011), S. 133.

[18] Vgl. Schönborn et al. (2001), S. 13.

[19] Vgl. Drosdek (1996), S. 98.

[20] Vgl. Lübke (2003), S. 162.

[21] Eisend (2003) zufolge wird für diese Arbeit ein wissensbezogener Informationsbegriff zugrunde gelegt, der wie folgt definiert ist: „Der wissensbezogene Informationsbegriff (...) stellt auf die Kognitionen personaler Kommunikationspartner ab. Information wird dabei sowohl ergebnisbezogen als zweckorientiertes Wissen an sich, als auch prozessbezogen als die Übermittlung von Wissen verstanden. Ein Austausch von Informationen ist dabei ohne die Beteiligung kognitiver Systeme, wie man sie im Rahmen der sozialen Kommunikation immer vorfindet, nicht denkbar" (S. 8). Für eine ausführliche Begriffsdiskussion vgl. Eisend (2003), S. 8ff.

[22] Vgl. Wagner et al. (2009), S. 77; Drosdek (1996), S. 29.

[23] Schon Bentele (1988) merkte hierzu an: „In entwickelten Medien- und Informationsgesellschaften stellt sich das Problem „Glaubwürdigkeit" der Medien als besonders brisant dar, weil erstens der größte Teil der gesellschaftlich wichtigen Informationen über Medien vermittelt wird und weil zweitens die Alltagserfahrung dem Menschen sagt: Informationen über Ereignisse stimmen nicht immer mit den Ereignissen überein" (S. 407). Vgl. hierzu auch Mast (2010), S. 424.

Unternehmen permanent und ohne unternehmensseitige Kontrolle zu kommunizieren und für jedermann nachvollziehbar Positives wie auch Negatives zu berichten.[24] Unternehmen sind also „[...] increasingly swimming in a highly transparent fishbowl" (Kotler, 2011), S. 134).[25]
Daneben nimmt das Informationsangebot unüberschaubare Größen an,[26] sodass Konsumenten bei der Selektion und Bewertung von Informationen oft überfordert sind.[27] Gerade hinsichtlich Nachhaltigkeitsaspekten ist dies problematisch, da die Informationen, z. B. über die Produktqualität, durch Aussenstehende gar nicht oder nur teilweise überprüfbar sind.[28] Verstärkt wird dieser Zustand durch die vorherrschende Informationsasymmetrie zwischen Unternehmen und Konsumenten.[29] In diesem Rahmen wird Glaubwürdigkeit von Nachhaltigkeitskommunikation immer wichtiger.[30] Nur wenn es gelingt, die Nachhaltigkeitsaktivitäten eines Unternehmens klar und glaubwürdig zu kommunizieren, kann daraus ein Wettbewerbsvorteil[31] entstehen.

1.2 Abgrenzung des Themas und Ziel der Arbeit

Die vorliegende Arbeit thematisiert die glaubwürdige Kommunikation von Nachhaltigkeitsaspekten eines Unternehmens im Rahmen seiner Marketingkommunikation. Im Mittelpunkt steht dabei die Glaubwürdigkeitswirkung auf relevante Stakeholder, im Speziellen auf Endkonsumenten.
Auch wenn Nachhaltigkeitsthemen seit den 1960er Jahren im Fokus der (Marketing-)Forschung stehen,[32] verwundert es umso mehr, dass immer

---

[24] Vgl. Kotler (2011), S. 134.
[25] In einer Studie von KPMG (2012) wird dies wie folgt beschrieben: „A new generation of "digital natives" have become far more active and discriminating consumers – companies need to be seen to do the right thing and are under growing pressure to be more transparent and accountable about what they do and why" (S. 4);
speziell in Bezug auf Nachhaltigkeit formulieren Stolz et al. (2013) hierzu: „Probably, consumers are also sceptical towards the sustainable marketing of companies (...) (S. 398).
[26] Vgl. Weathers et al. (2007), S. 399.
[27] Vgl. De Maeyer et al. (2011), S. 1068.
[28] Vgl. Schaltegger (2004), S. 2683.
[29] Vgl. Schaltegger (2004), S. 2684; In Bezug auf die ökologische Komponente merkt Steger (1994) hierzu beispielhaft an: "Auf ökologisch relevanten Märkten verfügen die Unternehmen über ein weitaus umfangreicheres technisches Know-how sowie ein besseres Wissen über Qualität bzw. Umweltverträglichkeit der Produkte als ihre Nachfrager" (S. 1948).
[30] Vgl. Clausen et al. (2002), S. 29.
[31] Gemäß Meyer et al. (2001) ist ein Wettbewerbsvorteil „vereinfacht ausgedrückt - dann erreicht, wenn man etwas dauerhaft besser kann als der Wettbewerber. Wenn das, was man besser kann, für die Kunden auch wichtig ist und von ihnen wahrgenommen [wie auch bezahlt] wird, spricht man von einem strategischen Wettbewerbsvorteil" (S. 323).
[32] Vgl. Leonidou et al. (2013), S. 152; für einen ausführlichen Überblick vgl. Cronin et al. (2011), S. 168f.

wieder gleiche Themenfelder analysiert werden[33] und anderswo große Forschungslücken bestehen.[34,35] So finden sich zu den Themen *Promotion und Kommunikation*[36], *Pricing*[37] oder *Produktentwicklung*[38] zahlreiche Studien, jedoch ist die Glaubwürdigkeit von Nachhaltigkeit weitgehend unergründet[39]. Ein direkt anwendbares Modell zur Glaubwürdigkeit von Nachhaltigkeitskommunikation liegt derzeit nicht vor.

Dieses Arbeitspapier leistet den Beitrag, die Bereiche der Nachhaltigkeitskommunikation sowie das Konstrukt Glaubwürdigkeit zu erarbeiten und konzeptionell zu verknüpfen. Anschließend werden Kriterien herausgearbeitet, die eine glaubwürdige Nachhaltigkeitskommunikation kennzeichnen und diese mittels einer empirischen Untersuchung mit Fokusgruppen mit Endkonsumenten der Modebranche validiert.

Abbildung 1 gibt einen Überblick über den Aufbau der Arbeit.

---

[33] Für ein Resümee dieser Bereiche vgl. Leonidou et al. (2013), S. 152f.

[34] Vgl. Connelly et al. (2011), S. 95; für einen spezifischen Überblick ausstehender Forschungsfragen vgl. Cronin et al. (2011), S. 169.

[35] Leonidou et al. (2013) formulieren dies in Anlehnung an Chabowski et al. (2011) folgendermaßen: „Despite the growing body of research addressing these issues, sustainability-related topics have yet to become widely studied in top-tier marketing journals“ (S. 153). Connelly et al. (2011) formulieren dies wie folgt: “The theoretical development of research on sustainability is in its infancy” (S. 95).

[36] Vgl. bspw. Maignan et al. (2004).

[37] Vgl. bspw. Menon et al. (1999).

[38] Vgl. bspw. Pujari (2006).

[39] Vgl. Chamorro Mera et al. (2005), S. 6f.

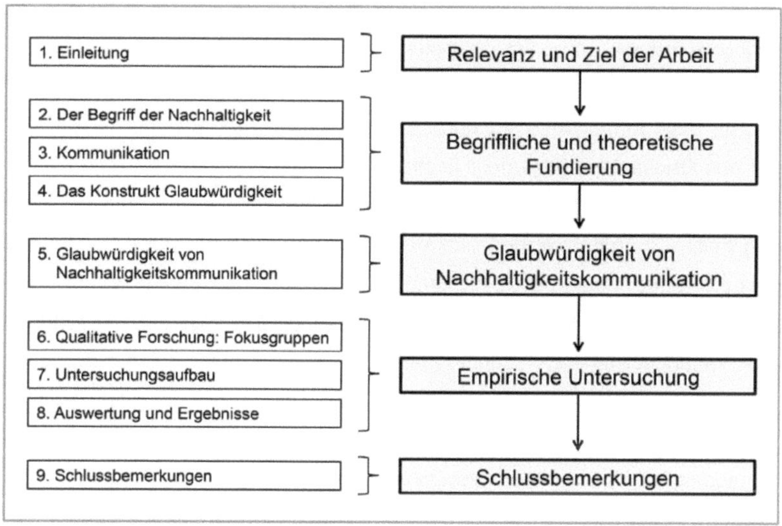

Abb. 1: Aufbau der vorliegenden Arbeit

2. Der Begriff der Nachhaltigkeit

2.1 Entstehungsgeschichte

1713 wurde der Nachhaltigkeitsbegriff erstmals in einem forstwirtschaftlichen Kontext formuliert, [40] der besagt, dass nur so viel Holz geschlagen werden darf, wie durch Baumpflanzungen wieder nachwachsen kann.[41]

Die Veröffentlichung des Berichts „Die Grenzen des Wachstums“ des Club of Rome 1972 kann als Startpunkt für die Diskussion einer global zukunftsfähigen Entwicklung gesehen werden.[42] Im Fokus steht die Begrenzung der Entwicklungsmöglichkeiten der Menschheit durch immer knapper werdende Ressourcen. Die „World Commission on Environment and Development“, besser bekannt als Brundtland-Kommission, bezeichnet in ihrem Abschlussbericht 1987 eine Entwicklung dann als nachhaltig, wenn “it meets the needs of the present without compromising the ability of future generations to meet their own needs.” und wird definiert als “not a fixed state of harmony, but rather a process of change in which the exploitation of resources, the di-

[40] Vgl. Von Carlowitz (1713), zitiert in Von Carlowitz (2013); der Nachhaltigkeitsbegriff wird hier allerdings nicht als Substantiv, sondern in einer Partizipform verwendet: „Wird derhalb die größte Kunst/Wissenschaft/Fleiß und Einrichtung hiesiger Lande darinnen beruhen/wie eine sothane Conservation und Anbau des Holtzes anzustellen/daß es eine continuierliche beständige und nachhaltende Nutzung gebe (…)“ (S. 9).

[41] Vgl. Lexikon der Nachhaltigkeit (2013).

[42] Vgl. Carnau (2011), S. 13.

rection of investments, the orientation of technological development, and institutional change are made consistent with future as well as present needs" (S. 15).[43,44]

Im Jahr 1994 formulierte die Enquete-Kommission des Deutschen Bundestages das Dreisäulenmodell der Nachhaltigkeit, wonach soziale, ökonomische und ökologische Ziele als Grundpfeiler einer zukunftsverträglichen Entwicklung gelten.[45] Später werden diese drei Komponenten als Einheit, nicht als konkurrierende Gegensätze verstanden.[46] So wird 1998 festgehalten, dass es bei diesem integrativen Konzept „nicht um die Zusammenführung dreier nebeneinander stehender Säulen [geht] (...), sondern um die Entwicklung einer dreidimensionalen Perspektive aus der Erfahrungswirklichkeit" (Deutscher Bundestag, 1998, S. 32). Diese Verknüpfung erlaubt es, im Folgenden von einer Multidimensionalität des Nachhaltigkeitsbegriffes auszugehen. Allerdings gibt es trotz seiner steigenden Bedeutung derzeit keine allgemein gültige Definition des Begriffs Nachhaltigkeit.[47]

---

[43] Diese Definition wird zumeist auch in der Marketing-Forschung zu Grunde gelegt, vgl. zum Beispiel Leonidou et al. (2013), S. 152 oder Chabowski et al. (2011), S. 56.

[44] Bezug nehmend auf die weit verbreitete Kritik der Unverbindlichkeit dieser Definition stellt Carnau (2011) fest, dass es bei dem Konzept Nachhaltigkeit weniger um eine exakte Definition gehe, „sondern um die Bestimmung dessen, was Bestand haben soll und um die Verknüpfung der zeitlichen und räumlichen Ebene, die eine Nachhaltigkeitspolitik einzubeziehen hat. Die Grundidee basiert also auf der einfachen Einsicht, dass ein System dann nachhaltig ist, wenn es selber überlebt und langfristig Bestand hat. Wie es konkret auszusehen hat, muss im Einzelfall geklärt werden" (S. 14).

[45] Vgl. Deutscher Bundestag (1994), S. 54f.

[46] Vgl. Deutscher Bundestag (1994), S. 54.

[47] Vgl. Grober (2013), S. 20f.; Mast (2010), S. 425; Mast et al. (2007), S. 569.

2.2 Begriffsabgrenzung von Corporate Social Responsibility (CSR)

Wie der Begriff CSR vermuten lässt, beinhaltet das Konzept der CSR im Gegensatz zu Nachhaltigkeit zunächst nur die soziale Komponente. Nachhaltigkeit im Sinne eines multidimensionalen Begriffs umfasst hingegen auch ökologische und ökonomische Aspekte.

In aller Regel ist CSR zudem eine Forderung, die von Stakeholdern eines Unternehmens ausgeht[48], während Nachhaltigkeit ein allgemein gültiges Konzept beschreibt, was alle gesellschaftlichen Bereiche wie auch den Staat betrifft und nicht nur von einzelnen Anspruchsgruppen gefordert wird. Nachhaltigkeit lässt sich im Gegensatz zu CSR nicht als Verpflichtung eines Unternehmens bezeichnen[49], sondern ist ein übergeordnetes Konzept, was auch aus Eigennutz der Unternehmen entstehen kann.[50]

Schließlich unterscheidet sich CSR bzgl. der zeitlichen Komponente von Nachhaltigkeit: CSR reagiert auf Aspekte, die die Gesellschaft heute fordert, während Nachhaltigkeit ein Konzept von Langfristigkeit und Zukunftsorientierung ist[51], welches auch zukünftige Generationen miteinbezieht.

2.3 Bedeutung von Nachhaltigkeit für Unternehmen

Heutzutage treiben neben staatlichen Institutionen vor allem Unternehmen nachhaltige Entwicklungen. Während dies einerseits auf Druck durch eine sensible und aufgeklärte Öffentlichkeit geschieht[52], handeln Unternehmen andererseits verstärkt aus reinem Eigeninteresse nachhaltig[53,54]. Durch die Umsetzung nachhaltiger Aktivitäten, welche die gesetzlichen Normen übertreffen, können sie Wettbewerbspotenziale schaffen und somit die Basis für zukünftigen Erfolg sichern. [55] Der Dow Jones Sustainability Index beweist,

---

[48] Maignan et al. (2004) formulieren hierzu: „Subsequently, we suggest that CSR designates the duty (motivated bv both instrumental and moral arguments) to meet or exceed stakeholder norms dictating desirable organizational behaviors“ (S. 5). Vgl. auch Guenza (2012), S. 59.

[49] Vgl. Pride et al. (2006), zitiert in Wagner et al. (2009), S. 78.

[50] Vgl. Leonidou et al. (2013), S. 151.

[51] Vgl. Wild (2002), S. 97.

[52] Vgl. Leonidou et al. (2013), S. 152.

[53] Vgl. bspw. Luo et al. (2006), S. 15 oder Menon et al. (1999), S. 9.

[54] Baker et al. (2005) beschreiben diese Verhaltensweisen folgendermaßen: „In some cases, this type of behavior is merely a calculated response to external pressure. In other cases, it reflects cultural values that include good corporate (and world) citizenship" (S. 462).

[55] Vgl. Wild (2002), S. 95.

dass nachhaltiges Wirtschaften auch mit überdurchschnittlichen Börsenkursen honoriert wird.[56]
Nachhaltigkeit ist also mit Zukunftsfähigkeit gleichzusetzen.[57,58] So kann z. B. ein fundierter Nachhaltigkeitsbericht zu einem verbesserten Image des Unternehmens führen.[59] Ohne eine angemessene Marketingkommunikation darüber können jedoch keine derartigen Vorteile erlangt werden.

3. Kommunikation

3.1 Was ist Kommunikation?

3.1.1 Definitionen von Kommunikation

Im Rahmen dieser Arbeit wird Kommunikation als sozialer Prozess verstanden, der Austausch und Einflussnahmen zwischen Individuen in den Fokus stellt. Dementsprechend kann Kommunikation nach Bungarten (1994) „in einem weiten Sinn (...) [als] aktives und passives, prozeßhaftes kommunikatives Verhalten und Handeln in verbaler und nonverbaler Form“ verstanden werden (S. 32). In einem marketingspezifischen Kontext bedeutet Kommunikation die Übermittlung von Informationen und Bedeutungsinhalten zum Zweck „der Steuerung von Meinungen, Einstellungen, Erwartungen und Verhaltensweisen bestimmter Adressaten gemäß spezifischer Zielsetzungen“ (Bruhn, 2005, S. 3). Für diese Arbeit wird ein Kommunikationsbegriff zugrunde gelegt, der einen sozialen Prozess zur Beeinflussung von Individuen beschreibt.

3.1.2 Lasswell-Formel

Zur Beschreibung der einzelnen Bestandteile des Kommunikationsprozesses kann die so genannte Lasswell-Formel dienen[60]: Wer sagt was in welchem Kanal zu wem mit welchem Effekt?[61] Anhand der Antworten dieser Frage erhält man Informationen über Sender / Kommunikator, Inhalt, Medium, Empfänger / Zuhörer und Effekt der Kommunikation.[62] Die Formel beschreibt

---

[56] Vgl. Schönborn et al. (2001), S. 17.
[57] Vgl. Teller et al. (2003), S. 213.
[58] Vgl. Wild (2002), S. 95.
[59] Vgl. BMU et al. (2007), S. 3.
[60] Vgl. Noelle-Neumann et al. (2009), S. 173.
[61] Vgl. Lasswell (1948).
[62] Vgl. Noelle-Neumann et al. (2009), S. 173f.; für spezifischere Fragen zu den einzelnen Elementen vgl. die Erweiterung des Modells in Braddock (1958), S. 88ff.

einen scheinbar einseitigen Kommunikationsprozess[63], in dem ein mehrstufiger Vorgang lediglich angedeutet wird.[64] Sie kann trotzdem als Grundlage für das heutige Verständnis von Massenkommunikation angesehen werden.

3.1.3 Massenkommunikation[65]

Wie der Begriff vermuten lässt, bezieht sich Massenkommunikation auf den Prozess des Informationsaustausches von einer Quelle hin zu einer Vielzahl von Rezipienten. Hinsichtlich ihrer Wirkung lassen sich Kommunikationsinstrumente[66] in die zwei Bereiche Massenkommunikation und persönliche Kommunikation unterteilen. Massenkommunikation definiert Kroeber-Riel (1991) als „einseitige Kommunikation mittels technischer Mittel (Medien)" (S. 164). Der Aspekt der persönlichen Kommunikation, z. B. durch persönlichen Verkauf oder Beratungen auf Messen, wird im weiteren Verlauf dieser Arbeit nicht betrachtet, da der Fokus auf der Massenkommunikation von Unternehmen an eine Vielzahl von Stakeholdern liegt.

In der Tat wird im traditionellen Modell der Massenkommunikationsprozess als einstufig und unidirektional angesehen, die Richtung des Kommunikationsflusses ist somit eindeutig vom Unternehmen zur Zielgruppe. Unterschiedliche Zielgruppen können nur mittels einer Variation von Botschaft und Typ des Kanals erreicht werden. Allerdings hat die Massenkommunikation bereits im zweistufigen Modell aufgrund interpersoneller Netze nicht mehr zwingend eine direkte Wirkung auf die Zielgruppe. Meinungsführer, also nicht die Massenmedien selbst, können den für Marketingaktivitäten wichtigen Prozess der Persuasion[67] durch persönliche Einflussnahme weiterführen und somit einen Überzeugungsprozess auslösen. Schließlich ist das mehrstufige Kommunikationsmodell durch einen bidirektionalen Kommunikationsfluss ge-

---

[63] Gemäß Noelle-Neumann et al. (2009) ist die Lasswell-Formel „mitunter als „lineares" Kommunikationsmodell missverstanden worden. Tatsächlich wollte der Autor nur anhand der Elemente des Kommunikationsprozesses die wichtigsten Forschungsfelder der Kommunikationswissenschaft identifizieren" (S. 173).

[64] Vgl. Jäckel (2012), S. 144.

[65] Folgende Ausführungen in Anlehnung an Fill (2001), S. 49ff.

[66] In Anlehnung an Steffenhagen (2004) werden Kommunikationsinstrumente wie folgt definiert: „Kommunikationsinstrumente sind das Ergebnis einer gedanklichen Bündelung von Kommunikationsmaßnahmen nach ihrer Ähnlichkeit" (S. 131f.). Bruhn (2005) unterscheidet hier zum Beispiel „(klassische) Mediawerbung, Verkaufsförderung, Direct Marketing, Public Relations u.a.m." (S. 3), jedoch gibt es hier viele Ansätze zur Differenzierung. Für eine ausführliche Diskussion von Kommunikationsinstrumenten vgl. Röckelein (1999), S. 77ff.

[67] Gemäß Koeppler (2000) wird Persuasion als „der gezielte Versuch verstanden, durch Kommunikation die Einstellung eines Individuums gegenüber sich selbst, gegenüber anderen Personen, Objekten und Sachverhalten zu bilden bzw. zu ändern und damit auch sein Verhalten zu beeinflussen" (S. 15).

kennzeichnet und umfasst die Interaktion aller am Prozess Beteiligten.[68] Es kann zur gegenseitigen Beeinflussung von z. B. Meinungsführern und Mitgliedern der Zielgruppe kommen. „Im Zentrum dieses Prozesses steht die Sender-Glaubwürdigkeit derjenigen Personen, deren Meinung eingeholt und im Prozess der Kaufentscheidung genutzt wird" (Fill, 2001, S. 52).

3.1.4 Weiterentwicklung zu interaktiver Kommunikation

Die klassische Massenkommunikation bietet allerdings keine Grundlage für Interaktion und Partizipation, aber sie kann zu beidem auffordern und Zielgruppen neugierig machen. Um einen partizipativen Diskurs zu ermöglichen, müssen sich Sender einer Botschaft moderner Instrumente bedienen wie z. B. des Internets – eines der wichtigsten Verbreitungsmedien heutzutage.[69] Die erstmaligen Empfänger der Nachricht können über eben dieses Medium den interaktiven Kommunikationsprozess zu dem Unternehmen aufbauen.

3.2 Begriffsklärung im Bereich Kommunikation

3.2.1 Unternehmenskommunikation

Allgemein gesprochen umfasst der Begriff Unternehmenskommunikation Kommunikationsprozesse, bei denen die Übermittlung der Information von dem Sender ‚Unternehmen' an den Empfänger ‚(nicht-) marktliche Öffentlichkeit' stattfindet.[70] Obwohl dieser Prozess auch in die andere Richtung laufen kann, beziehen sich die nachfolgenden Ausführungen zunächst auf eine Art der Kommunikation, die vom Unternehmen ausgeht. Der Kommunikationsprozess selbst kann als Basis eines Unternehmens, wie auch als Grundlage für Management- und Entscheidungsprozesse angesehen werden.[71]
Zerfaß et al. (2007) beschreiben Unternehmenskommunikation als „alle Kommunikationsprozesse, mit denen ein Beitrag zur Aufgabendefinition und -erfüllung in gewinnorientierten Wirtschaftseinheiten geleistet wird und die insbesondere zur internen und externen Handlungskoordination sowie Interessenklärung zwischen Unternehmen und ihren Bezugsgruppen (Stakeholdern) beitragen" (S. 23). Der Teilbereich Kundenkommmunikation als

---

[68] Vgl. Fill (2001), S. 49ff.
[69] Vgl. Bittencourth et al. (2004), S. 79.
[70] Vgl. Jeuthe (2003), S. 19.
[71] Vgl. Mast (2010), S. 8.

Bestandteil der Marketingkommunikation ist für die vorliegende Arbeit von besonderem Interesse.[72]

3.2.2 Markt- und Marketingkommunikation

Die Begriffe Marktkommunikation und Marketingkommunikation werden in der Literatur nicht trennscharf verwendet.[73] Nach Eisend (2003) ist eine Abgrenzung der beiden Begriffe anhand der beteiligten Kommunikationspartner möglich. Marktkommunikation umfasst hierbei die Kommunikationsprozesse aller Marktteilnehmer, die das Marktgeschehen beeinflussen. Wie in Abschnitt 3.1.4 bereits erwähnt, kann es hier auch zur gegenseitigen Beeinflussung von Nachfragern oder Meinungsbildnern untereinander kommen. Marketingkommunikation hingegen ist der enger gefasste der beiden Begriffe und beschreibt den Kommunikationsfluss von einem Unternehmen an den Nachfrager. Die nachfolgende Abbildung veranschaulicht diesen Zusammenhang.

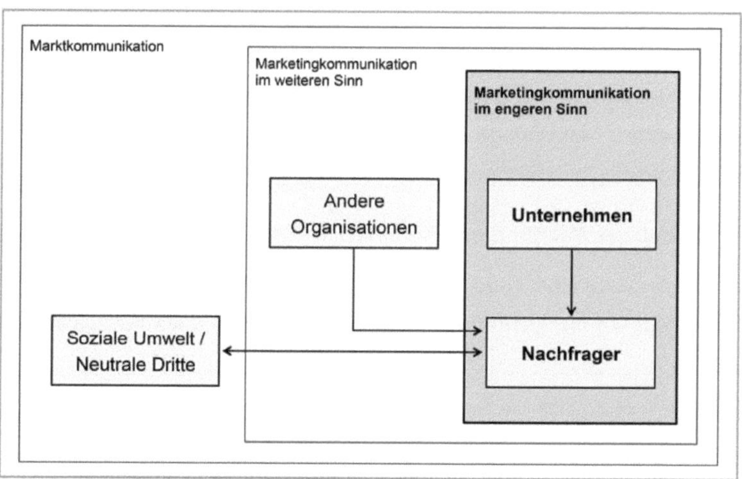

Abb. 2: Abgrenzung von Markt- und Marketingkommunikation (Vgl. Eisend, 2003, S. 9)

Auf diesem Verständnis aufbauend ist der Begriff der Marketingkommunikation im engeren Sinne für diese Arbeit relevant: „Marketingkommunikation

---

72 Gemäß Bungarten (1994) gibt es im Rahmen der Unternehmenskommunikation eine Einteilung in die folgenden vier Bereiche: „die innerbetriebliche Kommunikation, die Kommunikation des Unternehmens mit anderen Unternehmen, die Kundenkommunikation und die gesellschaftliche Kommunikation“ (S. 32). Über die Definition von Bungarten gehört zur Unternehmenskommunikation auch die Kommunikation mit all seinen Stakeholdern, zum Beispiel auch mit Banken, Investoren oder Lieferanten.

73 Vgl. hierzu eine weitreichende Begriffsdiskussion bei Röckelein (1999), S. 71ff.

stellt eine Form der Kommunikation dar, die das Zustandekommen ökonomischer Austauschvorgänge zu beeinflussen versucht und bei der die Unternehmung oder ihre Repräsentanten die Rolle des Senders, der Kunde die Rolle des Empfängers einnimmt" (Eisend, 2003, S. 25).

3.2.3 Nachhaltigkeitskommunikation

Innerhalb der Marketingkommunikation eines Unternehmens werden auch nachhaltige Aspekte vermittelt,[74] um Konsumenten zu informieren und unternehmerische Nachhaltigkeit herauszustellen.[75] Eine solche absatzmarktorientierte „Nachhaltigkeitskommunikation kann erfolgreich zur Marktprofilierung und Differenzierung des Unternehmens eingesetzt werden" (Clausen et al., 2001, S. 10). Zudem gilt Marketing aber auch als ein Prozess mit soziokulturellen Implikationen.[76] Durch die Bereitstellung von entsprechenden Informationen können Konsumenten zu einem bewussteren Konsum geführt werden, wobei Marketer[77] die Aufgabe übernehmen müssen, Transparenz zu schaffen.[78] Dieser soziale Interaktionsprozess mit Fokus auf Nachhaltigkeit kann zwischen einem Unternehmen und seinen Stakeholdern stattfinden und strebt eine Situation an, in der Menschen die Natur eher bewahren als diese zu dominieren.[79] McDonagh (1998) formulierte hierzu ein Modell, in dessen Fokus nachhaltigkeitsbezogene Themen stehen.

3.3 Modell der Nachhaltigen Kommunikation[80] nach McDonagh (1998)

McDonagh stellte eine Theorie zur Klassifikation von Nachhaltiger Kommunikation auf, um die Themen der Nachhaltigkeit auf die Marketingkommuni-

[74] Gemäß Belz et al. (2009) werden hier zwei Ausrichtungen von „sustainability marketing communications" unterschieden: zum einen die eher praktische Ausrichtung („to communicate with the consumer about the sustainability solutions the company provides thorugh its products"), zum anderen die eher strategische Ausrichtung („to communicate with the consumer and other stakeholders about the company as a whole") (S. 180).

[75] Vgl. Menon et al. (1999), S. 5.

[76] Vgl. McDonagh (1998), S. 593; beispielhaft angeführt wird Goldman (1992), S. 2.

[77] Gemäß Kotler et al. (2001) kann der Begriff ‚Marketer' in diesem Kontext wie folgt definiert werden: „Ist eine der beiden Parteien aktiver bestrebt, einen Austausch herbeizuführen als die andere, so wird erstere als *Marketer* und zweitere als *Interessent* oder prospektiver Austauschpartner bezeichnet. *Ein Marketer ist jemand, der nach einem oder mehreren Interessenten sucht, mit dem bzw. denen er etwas von Wert austauschen kann. Als Interessent wird bezeichnet, wer vom Marketer als jemand identifiziert ist, der möglicherweise zu einem Austausch willens und in der Lage ist*" (S. 24; Hervorhebungen im Original).

[78] Vgl. Collins et al. (2007), S. 572.

[79] Vgl. McDonagh (1998), S. 599f.

[80] Der Begriff „Nachhaltige Kommunikation" wird in diesem Abschnitt als direkte Übersetzung des Ausdrucks „Sustainable Communication" verwendet.

kation zu übertragen.[81] Zusammenfassend formulierte er hierfür insgesamt vier ökologische Prinzipien.

Gültigkeit kann das Modell jedoch nur erlangen, wenn das Dominant Social Paradigm (DSP) einen radikalen Wandel erlebt, der auch eine Änderung der Konsumgewohnheiten in Richtung Nachhaltigkeit mit sich bringt.[82] Während dieser Wandel 2004 noch nicht vollzogen war[83], konnte er 2010 erstmals bestätigt werden[84]. Ausgehend von dieser tiefgreifenden Einstellungsänderung hin zu einer nachhaltigeren Lebensweise in der westlichen Welt ist die Theorie der Nachhaltigen Kommunikation von größerer Aktualität denn je.

Die Theorie der Nachhaltigen Kommunikation beschreibt die Interaktion zwischen einem Unternehmen und seinen Stakeholdern im Rahmen der Marketingkommunikation. Dies wird durch die Überschneidungen (‚Interaction and Consensus') wie auch durch die angegliederten vier Prinzipien, die mit ‚Eco' beginnen, im Zentrum der folgenden Abbildungen verdeutlicht.[85]

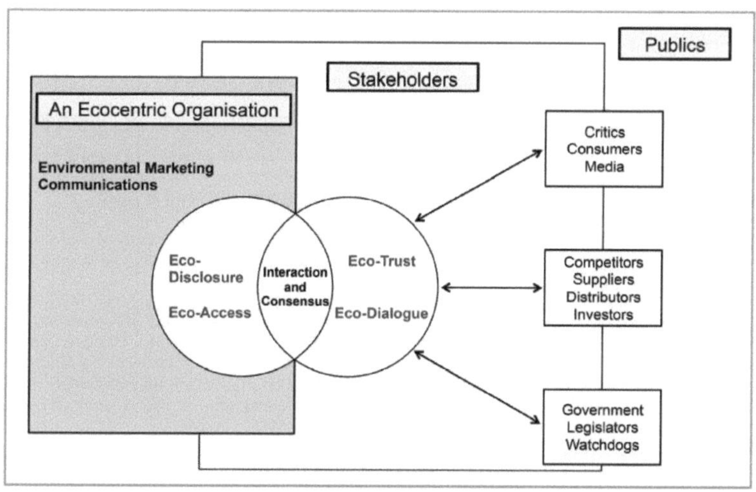

Abb. 3: Der Prozess der Nachhaltigen Kommunikation (eigene, vereinfachte Darstellung in Anlehnung an McDonagh (1998), S. 161)

---

[81] McDonagh wendete hierfür den ‚Grounded Theory Approach' nach Glaser et al. (1967) an mit über 50 persönlichen Interviews, zahlreichen Besuchen vor Ort und tiefgehenden Beobachtungen, wie z. B. wöchentliche Meetings, und beobachtete zusätzlich die Bewertung von nationalen Medien und Öko-Preisverleihungen (Vgl. McDonagh, 1998, S. 595f.).

[82] Für eine ausführliche Erläuterung des DSP als Ausgangspunkt gesellschaftlichen Wandels vgl. Anhang, Abschnitt B.

[83] Vgl. Kilbourne (2004), S. 205.

[84] Vgl. Prothero et al. (2010), S. 147.

[85] Vgl. hier und im Folgenden McDonagh (1998), S. 602ff.

Auch wenn die Öffentlichkeit (‚Publics') miteinbezogen wird, so liegt der Fokus auf der Marketingkommunikation eines Unternehmens an Stakeholder wie z. B Medien oder Konsumenten. Die vier zentralen Prinzipien des Modells der Nachhaltigen Kommunikation sind folgende:

1. Ecological trust: Vertrauen[86]
2. Ecological access: Zugang zu Informationen[87]
3. Ecological disclosure: Informationsbereitstellung[88]
4. Ecological dialogue: Dialog[89]

Werden diese Prinzipien eingehalten, so würde diese Entwicklung der Marketingkommunikation im finalen Stadium zu einem Management durch so genannten externen ‚Consensus' [Konsensentscheidung] führen. Dieser ist exakt in dem Überschneidungsbereich der vier Prinzipien zu lokalisieren.

3.4 Zwischenfazit

Nachhaltigkeit ist für Unternehmen mit Zukunftsfähigkeit gleichzusetzen.[90] Sie können sich darüber profilieren[91] und einen Wettbewerbsvorteil erlangen. Die Weiterentwicklung von Massenkommunikation zu einer interaktiven Kommunikation erlaubt es Unternehmen in Dialog mit ihren Stakeholdern zu treten.[92] Gemäß Ziemann (2007) ist Nachhaltigkeitskommunikation „ein weltgesellschaftlicher (massenmedial begleiteter) Prozess, der aus der rekursi-

---

[86] Der fortschreitende Verlust von Vertrauen in Unternehmen wie auch in Führungsebenen von Unternehmen hat zu einer ökologischen Legitimationskrise geführt. Nachhaltige Kommunikation versucht, dieses Vertrauen wieder aufzubauen, sofern es je existiert hat, bzw. diese Art von Vertrauen in der Gesellschaft zu etablieren. Im Speziellen richtet sich dieser Versuch an Kunden und Medien eines Unternehmens, sowie auch an dessen Kritiker.

[87] Die Aspekte der Offenheit eines Unternehmens sowie der Offenlegung seiner Aktivitäten gewinnen immer mehr an Bedeutung, weil darüber versucht wird, Vertrauen zu den Stakeholdern aufzubauen. Hierfür wird die Bereitschaft des Unternehmens gefordert, sich auch auf außen Stehende offen einzulassen.

[88] Es ist festzustellen, dass immer mehr Unternehmen sowohl öffentlich als auch durch die Öffentlichkeit bewertet werden. Sie werden somit nach dem beurteilt, was sie freiwillig bereit sind, an Informationen zur Verfügung zu stellen. Es scheint, dass Unternehmen, die ihre Unternehmensaktivitäten von sich aus transparent machen, mehr Glauben geschenkt wird als solchen, bei denen diese Aspekte durch außen Stehende herausgefunden wurden.

[89] Unternehmen, die ein hohes Vertrauen genießen und sich an nachhaltiger Kommunikation mit der Öffentlichkeit beteiligen wollen, benötigen dazu einen kontinuierlichen Dialog zwischen den Betroffenen. Dieser ermöglicht den Beteiligten, Probleme und Themengebiete zu verstehen und selbst ökologisch bedeutsam zu werden. Darüber hinaus bietet ein solcher Dialog die Möglichkeit, Stakeholder direkt in Entscheidungsprozesse eines Unternehmens einzubeziehen.

[90] Vgl. Teller et al. (2003), S. 213.

[91] Vgl. Clausen et al. (2001), S. 10.

[92] Vgl. Borner (2012), S. 78.

ven Anordnung von Beiträgen und Argumenten zum Thema besseren Lebens in ökologischer, ökonomischer und sozialer Hinsicht besteht“ (S. 126). Mittels Marketingkommunikation, bei denen Kunden zunächst als Empfänger betrachtet werden, können Unternehmen ökonomische Austauschvorgänge beeinflussen und Konsumenten in ihren Einstellungen und Meinungen beeinflussen. Nachhaltigkeitskommunikation besitzt die Aufgabe, Konsumenten zu informieren und nachhaltige Tätigkeiten des Unternehmens darzustellen.[93] Die folgende Abbildung 4 macht den Bereich der Nachhaltigkeitskommunikation im wirtschaftlichen Zusammenhang deutlich.

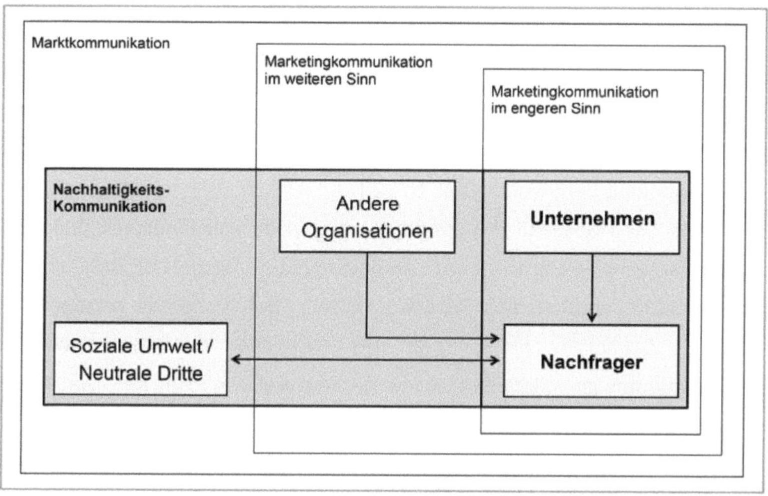

Abb. 4: Nachhaltigkeitskommunikation im wirtschaftlichen Kontext (eigene Darstellung in Anlehnung an Eisend (2003), S. 26)

Die grundlegenden Elemente der Nachhaltigen Kommunikation sind Vertrauen, Zugang zur Informationen, Informationsbereitstellung und Dialog. Eine darauf basierende glaubwürdige Nachhaltigkeitskommunikation - der nächste Schritt der Marketingkommunikation[94] - ist für Unternehmen aus Gründen der Profilierung und Erlangung von Wettbewerbsvorteilen sowie dem Abbau der Skepsis diverser Stakeholder, welche durch steigende Transparenz aufgrund neuer Medien hervorgerufen wird, nötig.

[93] Vgl. Menon et al. (1999), S. 5.
[94] Vgl. Belz et al. (2009), S. 180.

4. Das Konstrukt Glaubwürdigkeit

4.1 Voraussetzungen für Glaubwürdigkeit

Für die Existenz von Glaubwürdigkeit sind drei Voraussetzungen zu erfüllen: *Kommunikation, Relevanz* und *Unsicherheit*.[95]

Kommunikation findet zwischen mindestens zwei Parteien statt[96], sodass eine Glaubwürdigkeitsbeurteilung mindestens zwei Akteure voraussetzt.[97] Hierbei übermittelt der Kommunikator dem Rezipienten Informationen, über die dieser nicht selbst verfügt oder nicht verfügen kann.[98]

Hinsichtlich *Relevanz* konstatiert Köhnken (1990) Folgendes: wenn Informationen „entscheidungs- oder handlungsrelevant werden, die uns nicht aus eigener Wahrnehmung bekannt sind, stellt sich prinzipiell die Frage nach deren Glaubwürdigkeit" (S. 1). Nur, „wenn eine Botschaft eine potentielle Bedeutung für seine Existenz hat", misst der Rezipient der Glaubwürdigkeit eine hohe Bedeutung bei (Krotz, 1999, S. 128).

Nur wenn der Rezipient *Unsicherheiten* bzgl. der Vollständigkeit oder Eintrittswahrscheinlichkeiten hat, ist Glaubwürdigkeit von großer Bedeutung.[99] Eisend (2003) ergänzt dies folgendermaßen: "Bei Sicherheit dagegen besteht kein Zweifel an dem Eintreten von Ereignissen, die Informationsbasis des Individuums ist vollständig und es erübrigt sich die Ermittlung von Wahrscheinlichkeiten auf der Basis von Glaubwürdigkeit" (S. 15).

4.2 Glaubwürdigkeitsbeurteilung

Im Rahmen der Glaubwürdigkeitsbeurteilung wird untersucht, „wie und mit welchem Erfolg Rezipienten die Glaubwürdigkeit von Kommunikatoren und deren Äußerungen beurteilen" (Köhnken, 1990, S. 6). Hierbei kann zwischen der Analyse von Ausdrucksprozessen des Kommunikators und Eindrucksprozessen des Rezipienten unterschieden werden.[100] Auch wenn der Zuschreibungsprozess von Glaubwürdigkeit durch den Rezipienten im Mittelpunkt dieser Arbeit steht, so werden aus Gründen der Vollständigkeit auch andere Formen der Glaubwürdigkeitsbeurteilungen besprochen.

---

[95] Vgl. Eisend (2003), S. 7.
[96] Vgl. Eisend (2006), S. 2.
[97] Vgl. Möllering et al. (2005), S. 66.
[98] Vgl. Küster-Rohde (2009), S. 7.
[99] Vgl. Eisend (2003), S. 15.
[100] Vgl. Köhnken (1990), S. 18ff.

4.2.1 Verhaltensabhängige Glaubwürdigkeitsbeurteilung

Im Forschungsbereich der verhaltensabhängigen Glaubwürdigkeitsbeurteilung wird untersucht, inwieweit die Glaubwürdigkeit anhand von Verhaltensweisen beurteilt werden kann, die den Kommunikationsprozess begleiten.[101] Es gilt als gesichert, dass Unglaubwürdigkeit durch verbale wie auch nonverbale Verhaltensweisen, wie z. B. erhöhte Lidschlagfrequenz oder Zunahme von Sprechfehlern, gekennzeichnet sind.[102] Da Unternehmen jedoch keine Einzelpersonen sind und dementsprechend auch nicht von Konsumenten aufgrund ihres individuellen und direkt beobachtbaren Verhaltens beurteilt werden, wird diese Art der Glaubwürdigkeitsbeurteilung hier nicht weiter betrachtet.

4.2.2 Inhaltsorientierte Glaubwürdigkeitsbeurteilung

Wird nach sogenannten Glaubwürdigkeitskriterien, also Merkmalen einer Aussage gesucht, die eine zuverlässige Beurteilung des Wahrheitsgehaltes selbiger ermöglichen, spricht man von inhaltsorientierter Glaubwürdigkeitsbeurteilung.[103] Nachdem in dieser Arbeit Unternehmen und ihre ganzheitliche Wirkung als Informationsquelle auf den Konsumenten untersucht werden sollen, und nicht ausschließlich der Kommunikationsinhalt, wird dieser Bereich weitestgehend außer Acht gelassen.[104]

4.2.3 Quellen- und kontextorientierte Glaubwürdigkeitsbeurteilung

Die Untersuchungen der quellen- und kontextorientierten Glaubwürdigkeitsbeurteilungen versuchen, „Eigenschaften und Fähigkeiten zu bestimmen, die einen glaubwürdigen Kommunikator kennzeichnen“ (Nawratil, 1997, S. 44). Wichtig ist, dass es sich nicht um die Effekte von Glaubwürdigkeit des Kommunikators handelt, sondern um eine Glaubwürdigkeits*attribution* durch den Rezipienten. Diese Attribution ist in der Annahme begründet, dass „der

---

[101] Vgl. Köhnken (1990), S. 9.
[102] Vgl. Köhnken (1990), S. 43.
[103] Vgl. Köhnken (1990), S. 83.
[104] In der Tat kann die forensische Glaubwürdigkeitsbeurteilung auch im Rahmen der Unternehmenskommunikation zum Tragen kommen, so vor allem bei der Verwendung zweiseitiger Nachrichten, die von Koeppler (2000) wie folgt beschrieben werden: „Vertritt aber die Kommunikationsquelle eine Auffassung, die der Rezipient nicht erwartet, setzt sie sich für eine unpopuläre Maßnahme ein bzw. argumentiert gegen ihre eigenen Interessen, wird die Kommunikation nicht als verzerrt und unfair bewertet und kann deshalb überzeugender sein“ (S. 189). Die vorliegende Arbeit besitzt allerdings einen anderen Schwerpunkt. Für eine nähere Erläuterung des Wirkungszusammenhangs von inhaltsorientierter und quellenorientierter Glaubwürdigkeitsbeurteilung vgl. Eisend (2010).

Kommunikationsquelle bestimmte stabile Eigenschaften zugeschrieben werden oder daß der Kontext, in dem die Äußerung angeblich erfolgte, eine objektive oder verzerrte Darstellung *nahelegt*" (Köhnken, 1990, S. 121; Hervorhebung im Original). So ist z. B. die Glaubwürdigkeit einer Quelle im Bereich der Massenmedien auch abhängig von den Informationen, die der Rezipient über diese Quelle erhält.[105] Dieser Zuschreibungsprozess[106] von Unternehmen durch Konsumenten wird in späteren Teilen der Arbeit vertieft.[107]

4.3 Terminologische Abgrenzung von Glaubwürdigkeit

Vor der Vorstellung verschiedener Definitionsansätze soll der Begriff Glaubwürdigkeit zunächst von benachbarten Konzepten abgegrenzt werden. Hinsichtlich der nahe stehenden Konzepte kann Glaubwürdigkeit entweder untergeordnet, interdependent oder übergeordnet sein.[108] Es sollen allerdings nur kurz jene Konzepte betrachtet werden, welche im Hinblick auf die Marketingkommunikation besondere Relevanz bieten.[109]

4.3.1 Wahrheit, Täuschung, Lüge

Im wissenschaftlichen wie auch im alltäglichen Sprachgebrauch wird der Glaubwürdigkeitsbegriff dem Umfeld der Begriffe Wahrheit, Täuschung und Lüge zugeordnet und wirkt hier teils interdependent. Nach Eisend (2003) stellen alle Begriffe „wie auch die Glaubwürdigkeit selbst Kommunikationsphänomene dar" (S. 44). Um Lüge und Täuschung zu bestimmen, ist die Intentionalität dieser beiden wichtiger als die eigentliche Wahrheit oder der Realitätsgehalt.[110] Schlussendlich wird Glaubwürdigkeit attribuiert, wenn etwas wahrhaftig ist - also wahr erscheint, aber nicht notgedrungen wahr sein muss. Glaubwürdigkeit wird hingegen aberkannt, wenn es sich um eine Täu-

---

[105] Vgl. Nawratil (1999), S. 20.
[106] Vgl. Eisend (2003), S. 47f.; Weber (2001), S. 20.
[107] Vgl. Abschnitt 4.4.4.
[108] Vgl. Eisend (2003), S. 41.
[109] Für eine ausführliche Besprechung der benachbarten Konzepte von Glaubwürdigkeit vgl. Eisend (2003), S. 41ff.
[110] Vgl. Ekman (1991), S. 28; nach Falkenberg (1982) liegen Lügen auch dann vor, wenn objektiv richtiges kommuniziert wird, der Kommunikator aber davon ausgeht, dass es falsch ist und er dennoch absichtlich das Gegenteil vorgibt. So ist das Gegenteil der Lüge nicht die Wahrheit „und umgekehrt ist das Gegenteil der Wahrheit nicht die Lüge, sondern die Falschheit" (S. 54f.).

schung oder eine Lüge handelt, sprich: wenn etwas falsch erscheint, aber nicht zwingend falsch sein muss.[111]

4.3.2 Glaubhaftigkeit

Dem Duden (2013b) zufolge wird glaubhaft als „so [geartet, gestaltet], dass man es für wahr halten, glauben kann" definiert. Die Unterscheidung zu Glaubwürdigkeit liegt in den Bezugsobjekten. Glaubhaftigkeit bezieht sich auf nicht-menschliche Objekte, wie z. B. Werbeaussagen, wohingegen sich Glaubwürdigkeit auf Kommunikationsquellen wie bspw. einzelne Personen (z. B. eine Verkäuferin) oder Organisationen (z. B. Unternehmen) bezieht. Zur Verdeutlichung wird in der amerikanischen Literatur auch der Begriff „source credibility" verwendet. Glaubhaftigkeit ist zudem ein eindimensionales Konstrukt, während Glaubwürdigkeit in mehrere Dimensionen, wie z. B. Kompetenz und Vertrauenswürdigkeit, eingeteilt werden kann.[112]

4.3.3 Vertrauen

Glaubwürdigkeit kann als dem Vertrauen untergeordnet angesehen werden, wobei sich bei der Begriffsabgrenzung drei Unterscheidungskriterien ergeben. Zunächst der unterschiedliche *Zeitbezug*: während sich das Beurteilungskriterium Glaubwürdigkeit auf die Gegenwart bezieht, ist Vertrauen auf die Zukunft gerichtet.[113] Zweitens lassen sich die beiden Begriffe hinsichtlich ihrer *Bezugsobjekte* unterscheiden: Glaubwürdigkeit bezieht sich in aller Regel auf die Quelle der Kommunikation, während man Vertrauen z. B. auch Gegenständen, Umständen oder sozialen Strukturen schenken kann.[114] Schließlich unterscheidet sich Vertrauen von Glaubwürdigkeit bzgl. der jeweiligen *Merkmalseigenschaften*, da Vertrauen ein konkretes Verhalten oder eine Einstellung[115] darstellt[116], während Glaubwürdigkeit als Eigenschaft bzw. Image identifiziert wird[117].[118] Glaubwürdigkeit kann letztendlich als ein Bestandteil von Vertrauen bezeichnet werden.[119]

---

[111] Vgl. Eisend (2003), S. 45.
[112] Vgl. Kennet (1995), zitiert in Eisend (2003), S. 46.
[113] Vgl. Petermann (1996), S. 14; Schlenker et al. (1973), S. 419.
[114] Vgl. Bentele (1998), S. 305.
[115] Auf das Einstellungskonstrukt wird im Rahmen dieser Arbeit aufgrund hoher Komplexität und mangelnder Relevanz für die Arbeit nicht näher eingegangen. Für eine ausführliche Diskussion des Konstrukts vgl. Six et al. (1985), S. 9ff.
[116] Vgl. Petermann (1996), S. 13.
[117] Vgl. Klapper (1960), S. 129.

4.4 Definition von Glaubwürdigkeit

Trotz seiner zentralen Bedeutung vor allem im Bereich der Kommunikation[120], ist das Konstrukt Glaubwürdigkeit nicht eindeutig definiert. Köhnken (1990) formuliert diesen Widerspruch folgendermaßen: „In auffälligem Kontrast zu dieser grossen Bedeutung der Glaubwürdigkeit steht ein eklatantes Defizit an systematischer psychologischer Forschung und Begriffsklärung. In manchen psychologischen Wörterbüchern taucht der Begriff ‚Glaubwürdigkeit' nicht einmal als Stichwort auf" (S. 2). Wirth (1999) beschreibt, dass es offensichtlich „keine Übereinstimmung [gibt], was genau unter Glaubwürdigkeit zu verstehen sei" (S. 48). Gemäß Nawratil (1999) ist der Mangel einer förmlichen Definition darin begründet, dass Glaubwürdigkeit offenbar ein Alltagsbegriff ist, „der allgemein verständlich ist und nicht näher erläutert werden muss" (S. 15).

Im folgenden Abschnitt werden deswegen vier Ansätze zur Definition von Glaubwürdigkeit vorgestellt. Diese eingehende Betrachtung kann zumindest Kriterien ausmachen, die eine Begriffsbildung im Sinne einer Arbeitsdefinition ermöglichen.

4.4.1 Etymologische Definition

Die etymologische Herkunft des Begriffs führt zunächst zu dem Wort „glauben", das seinen Ursprung im althochdeutschen „gilouben" hat.[121] Das Wort ‚glaubwürdig' tauchte zuerst im 15. Jahrhundert im Kontext des Rechtslebens auf und verdrängte somit das Wort ‚gloubhaft'.[122] Auch heute noch besitzt das Wort ‚Glaubwürdigkeit' einen „an Tatsachen auszuweisenden Charakter [und] (...) trägt also dem Selbstverständnis des einzelnen Menschen und seiner Überzeugung Rechnung" (Gössmann, 1970, S. 23), damit stellt es oftmals einen Wert im Kontext von Ehrlichkeit, Aufrichtigkeit und Redlichkeit dar.

---

[118] Eisend (2003) verdeutlicht diese Unterscheidung folgendermaßen: „ Diese Unterscheidung, die auch in der Verwendung der Worte deutlich wird ("ich vertraue einem Geschäftsmann" im Gegensatz zu "der glaubwürdige Geschäftsmann") ist allerdings nur im Sinne eines kommunikatorzentrierten Glaubwürdigkeitsbegriffs eindeutig, da bei einer rezipientenzentrierten Sichtweise die Glaubwürdigkeit auch immer an eine Handlung der Zuschreibung gebunden ist" (S. 48).

[119] Vgl. Rotter (1967), S. 660ff.

[120] Vgl. McCroskey et al. (1981), S. 24.

[121] Vgl. Grimm et al. (1984), S. 7819.

[122] Vgl. Gössmann (1970), S. 23; Grimm et al. (1984), S. 7914.

4.4.2 Lexikalische Definition

Im Deutschen bedeutet ‚glaubwürdig' „als wahr, richtig, zuverlässig erscheinend und so das Glauben daran rechtfertigend" (Duden, 2013c). Oftmals treten in Definitionen unterschiedliche Bezugsobjekte auf, welche nicht zur konkreten Bestimmung des Begriffs beitragen. Betrachtet man wiederum das lateinische Wort ‚credere', welches u. a. mit „jemandem glauben" zu übersetzen ist[123], so zeigt sich die Ähnlichkeit zu dem englischen Begriff ‚credibility'. Dieser wird definiert als „the quality of being trusted and believed in" (Oxford Dictionaries, 2013) und kann in aller Regel mit dem deutschen Begriff Glaubwürdigkeit gleichgesetzt werden.

4.4.3 Empirische Definition

Ausgehend von Glaubwürdigkeit als mehrdimensionalem Konstrukt wird Glaubwürdigkeit im Bereich der Forschung vor allem anhand einzelner Komponenten oder Dimensionen[124] definiert. Diese Dimensionen werden in der Regel auf Basis einer explorativen Faktoranalyse bestimmt, bei der die Probanden eine gewisse Anzahl von Semantischen Differentialen bewerten.[125] Obwohl schon früh erste Kritik an diesem methodischen Vorgehen laut wurde[126], folgten weitere empirische Untersuchungen dieser Art. Neben der Anzahl der Dimensionen variierten hierbei insbesondere auch die Bezeichnungen der selbigen.[127] Auch im weiteren Verlauf der Glaubwürdigkeitsforschung wurden Dimensionen aufgeworfen, jedoch erfolgte die Ergänzung der Glaubwürdigkeitsdefinition um weitere Dimensionen sehr uneinheitlich und wenig konsequent. So konnten 2006 in einer Meta-Analyse insgesamt 28 verschiedene, empirisch ermittelte Dimensionen von Glaubwürdigkeit ausgemacht werden.[128]

Über die Zeit kristallisierten sich jedoch insbesondere zwei Dimensionen als wesentlich heraus. Schon Hovland und Weiss betrachteten im Rahmen der sogenannten Yale Studies das Konstrukt Glaubwürdigkeit (credibility) und

---

123 Vgl. PONSeu Online-Wörterbuch (2013).

124 Gemäß Kromrey (2000) sind unter ‚Dimensionen' „also diejenigen Einzelheiten zu verstehen, die an einem empirischen Sachverhalt unterschieden werden können. Je nach Fragestellung kann diese dimensionale Unterscheidung weit vorangetrieben werden (...), oder man wird sich auf einer höheren Abstraktionsstufe bewegen" (S. 115).

125 Vgl. Eisend (2006), S. 3.

126 Vgl. Tucker (1971), S. 186; Baudhuin et al. (1972), S. 300.

127 Vgl. McCroskey et al. (1981), S. 26; für einen ersten Überblick über die Vielfalt der ermittelten Dimensionen vgl. Giffin (1967), S. 111.

128 Vgl. Eisend (2006), S. 5.

ermittelten zwei Komponenten[129], die als Kompetenz (expertness) und Vertrauenswürdigkeit (trustworthiness) bestimmt wurden[130]. Diese wurden im weiteren Verlauf der Forschung als zentrale Komponenten bestätigt.[131]

Einige Forschungsansätze ergänzen diese zweidimensionale Definition von Glaubwürdigkeit um eine dritte Dimension, wie. z. B. Dynamik[132] oder Wahrheitspräsentation[133]. Diese konnte jedoch nicht durchwegs signifikant bestätigt werden und wird deswegen lediglich als intensivierend[134], nicht aber als konstituierend angesehen.[135] Im Speziellen, wenn die Informationsquelle ein Unternehmen ist, scheint es nur logisch, eine solche dritte Dimension auszuschließen und Glaubwürdigkeit durch die zwei Dimensionen Kompetenz und Vertrauenswürdigkeit zu konzeptualisieren.[136] Es werden deswegen nur diese beiden Dimensionen[137] im Rahmen der vorliegenden Arbeit als relevante Komponenten von Glaubwürdigkeit zu Grunde gelegt.[138]

Nach Koeppler (2000) hat eine Kommunikationsquelle Kompetenz (expertness) „in dem Ausmaß, in dem der Rezipient glaubt, daß sie die Fähigkeit zur korrekten Information besitzt. Es ist die zugeordnete Sachkenntnis über einen Gegenstandsbereich. Vertrauenswürdigkeit (trustworthiness) ist die einer Kommunikationsquelle zugeschriebene Absicht korrekt zu informieren“ (S. 183). In Anlehnung an Hovland, Janis und Kelley (1953) definiert Köhnken (1990) die beiden Begriffe folgendermaßen: „Kompetenz bezeichnet das Wissen, das ein Kommunikator über einen bestimmten Sachverhalt

---

[129] Vgl. Hovland et al. (1951).

[130] Zum ersten Mal wurden diese beiden Dimensionen von Hovland et al. (1954) wie folgt definiert: „It seems necessary, therefore, to make a distinction between 1) the the extent to which a communicator is perceived to be a source of valid assertions (his „expertness“) and 2) the degree of confidence in the communicator's intent to communicate the assertions he considers most valid (his “trustworthiness”)” (S. 21).

[131] Vgl. u. a. Applbaum et al. (1972), S. 217; Berlo et al. (1969), S. 574f.; Köhnken (1990), S. 2; McCroskey (1966), S. 65f.; Six et al. (1985), S. 59; für einen ersten Überblick vgl. Ohanian (1990), S. 40.

[132] Vgl. McCroskey (1966), S. 65f.

[133] Vgl. Eisend (2006), S. 23.

[134] Vgl. Berlo et al. (1969), S. 575; Eisend (2006), S. 23; McCroskey (1966), S. 65f.

[135] Vgl. Infante (1980), S. 26.

[136] Vgl. Goldsmith et al. (2000), S. 44.

[137] Vgl. McCroskey et al. (1981), S. 35.

[138] Nach Koeppler (2000) sind die beiden Dimensionen „partiell unabhängig voneinander. Die Bewertung sachbezogener Qualitäten wird mehr durch die Sachkenntnis der Quelle beeinflußt, während die Gesamtbeurteilung (die emotionale Einstellung) stärker von der Vertrauenswürdigkeit abhängt. Durch Kompetenz (Sachkenntnis) wird nicht automatisch auch eine höhere Vertrauenswürdigkeit erreicht.“ Allerdings ist die Existenz beider für das Erlangen von Glaubwürdigkeit wichtig, denn „[b]esteht in Verbindung mit Sachkenntnis keine Vertrauenswürdigkeit, z.B. wenn die Rezipienten der Meinung sind, daß ein Experte durch seine Empfehlungen persönliche Vorteile erzielen will, ist seine Botschaft weitgehend wirkungslos“ (S. 249).

hat, während Vertrauenswürdigkeit die Bereitschaft meint, dieses Wissen unverzerrt weiterzugeben“ (S. 2). Gemäß McGinnies et al. (1980) werden die zwei Dimensionen wie folgt definiert: „Simply defined, expertise refers to competence and knowledge, whereas trustworthiness is the apparent honesty and integrity of the source” (S. 467). Vertrauenswürdigkeit kann auch mit Aufrichtigkeit gleichgesetzt und mit den Adjektiven ‚ehrlich‘, ‚gerecht‘, ‚sicher‘ beschrieben werden, während Kompetenz durch die Worte ‚qualifiziert‘, ‚ausgebildet‘, ‚expertenhaft‘ oder ‚professionell‘ ausgedrückt werden kann.[139]

4.4.4 Theoretische Definition

In der Literatur werden zwei theoretische Standpunkte hinsichtlich Glaubwürdigkeitsdefinitionen vertreten: die kommunikatorzentrierte Sicht und die weiter verbreitete rezipientenzentrierte Sicht.

Im Sinne der kommunikatorzentrierten Sicht liegt Glaubwürdigkeit immer dann vor, wenn der Kommunikator - in diesem Fall gleichbedeutend mit der Quelle einer Information - keine Täuschungsabsichten hat und seines Wissens nach die Wahrheit sagt.[140] Von großer Bedeutung ist hierbei aber die Intentionalität: „Die [Intentionalität] impliziert, daß der Kommunikator irrtümlich, d.h. ohne Vorsatz, eine falsche Information vermitteln kann, ohne unglaubwürdig zu sein. Ebenso kann er irrtümlich eine richtige Information vermitteln und dennoch unglaubwürdig sein, nämlich dann, wenn er die richtige Information für falsch hält“ (Köhnken, 1990, S. 2). Nawratil (1999) zufolge ist dieser Standpunkt jedoch weitgehend isoliert: „Glaubwürdigkeit wird hier also reduziert auf die Eigenschaft der Ehrlichkeit, deren Vorhandensein oder Nichtvorhandensein allein im Ermessen des Sprechers liegt“ (S. 15).

Im Gegensatz dazu steht die Auffassung der rezipientenzentrierten Sicht, nach der die Einschätzung der Glaubwürdigkeit eines Kommunikators eher vom Rezipienten abhängt und „damit das Ergebnis eines Zuschreibungsprozesses ist“ (Nawratil, 1999, S. 2). So definiert Bentele (1988) Glaubwürdigkeit wie folgt: „Glaubwürdigkeit lässt sich bestimmen als eine Eigenschaft, die Menschen, Institutionen oder deren kommunikativen Produkten (mündliche oder schriftliche Texte, audiovisuelle Darstellungen) von jemandem (Rezipienten) in bezug auf etwas (Ereignisse, Sachverhalte usw.) zugeschrieben wird. Glaubwürdigkeit wird hier also nicht als inhärente Eigenschaft von Tex-

[139] Vgl. Wirth (1999), S. 49f.
[140] Vgl. Köhnken (1990), S. 2.

ten (...) verstanden, sondern als Element einer zumindest vierstelligen Relation" (S. 408).[141] Die Existenz von Glaubwürdigkeit ist somit eindeutig das Resultat eines Zuschreibungsprozesses[142], dem bestimmte, situationsabhängige Einflüsse vorausgehen.
Vermutet der Rezipient z. B., dass der Kommunikator mit seinen Aussagen eigene Interessen vertritt, so leidet die Glaubwürdigkeit des Kommunikators darunter.[143] Der gegenteilige Fall tritt ein, wenn die Quelle Ansichten vertritt, die der Rezipient nicht erwartet oder die ihrer eigentlichen Einstellung nicht entsprechen; die Kommunikation wird dadurch überzeugender.[144] Ausschlaggebend ist damit also, was die Rezipienten wahrnehmen und beurteilen, und nicht das, was der Kommunikator beabsichtigt.

4.4.5 Arbeitsdefinition

Ausgehend von bisherigen Überlegungen und in Anlehnung an die Definitionen bei Bentele (1988, S. 408), Eisend (2003, S. 64), Nawratil (1999, S. 2) und Wirth (1999, S. 55) sei für diese Arbeit folgende Definition festgelegt:
Glaubwürdigkeit ist ein zweidimensionales Konzept zur Beurteilung einer Kommunikationsquelle durch den Rezipienten einer Information und somit Ergebnis eines Zuschreibungsprozesses. Diese Beurteilung beruht auf subjektiver Wahrnehmung und setzt eben die subjektiv vermutete und wahrgenommene, nicht aber zwingend die objektiv vorhandene Intentionalität der Quelle, das Wahre zu kommunizieren, voraus. Glaubwürdigkeit kann also als prinzipielle Bereitschaft eines Rezipienten verstanden werden, Botschaften[145] *einer Kommunikationsquelle als zutreffend zu akzeptieren und bis zu einem gewissen Grad in das eigene Meinungs- und Einstellungsspektrum zu übernehmen.*

---

[141] Formaler ausgedrückt wird Glaubwürdigkeit nach Bentele (1988) wie folgt definiert: „Glaubwürdigkeit einer Person (oder Institution) X ist gegeben, wenn zumindest zwei Bedingungen erfüllt sind: a) der Kommunikationspartner (oder Rezipient) Y muß darauf vertrauen können, daß die Aussagen x(1-n) über die Ereignisse z(1-n) wahr sind, daß sie z(1-n) adäquat beschreiben; b) das kommunikative Verhalten von X muß ein Mindestmaß an Kohärenz aufweisen, es muß "stimmig" sein" (S. 408).

[142] Vgl. Eisend (2003), S. 47f.; Weber (2001), S. 20.

[143] Vgl. Koeppler (2000), S. 189.

[144] Vgl. Koeppler (2000), S. 189; für eine ausführliche Analyse dieses Zusammenhangs vgl. Eisend (2010).

[145] Botschaften unterscheiden sich von Informationen in dem Sinne, dass sie nicht nur den Gehalt einer Nachricht beschreiben, sondern eine „wichtige, für den Empfänger bedeutungsvolle Nachricht" darstellen (Duden, 2013a).

Diese Definition dient als Grundlage für das Verständnis der weiteren Ausführungen und sei gleichzeitig als Ausganspunkt für die empirische Untersuchung zur Glaubwürdigkeit von Nachhaltigkeitskommunikation anzusehen.

4.5 Glaubwürdigkeit als Teil der Marketingkommunikation

Für die Marketingkommunikation spielt Glaubwürdigkeit eine bedeutende Rolle, weil dadurch der Kommunikationserfolg deutlich erhöht werden kann. Kommunikationsquellen, die als glaubwürdig erachtet werden, begünstigen die Persuasion von Kommunikation.[146] Glaubwürdigkeit stellt insofern eine Voraussetzung für die Marketingkommunikation dar, als dass übermittelte Inhalte nur dann ihr Ziel erreichen, wenn sie vom Rezipienten geglaubt und damit als wahr erachtet werden.[147] Im Speziellen können Quellen von hoher Glaubwürdigkeit den Effekt der Persuasion verstärken.[148] Dieser Vorteil ist dementsprechend auch für die Marketingkommunikation von großem Nutzen, sodass Unternehmen stets versuchen sollten, eine möglichst hohe Glaubwürdigkeit zu erlangen. Nach Eisend (2006) wird Glaubwürdigkeit im Bereich der Marketingkommunikation durch die drei Dimensionen ‚inclination toward truth', ‚potential of truth' und ‚presentation of truth' (S. 23) definiert. Während die ersten beiden Dimensionen den zuvor besprochenen Dimensionen Kompetenz und Vertrauenswürdigkeit entsprechen[149], wird die dritte Dimension im Rahmen dieser Arbeit nicht als zentrale Komponente von Glaubwürdigkeit betrachtet, nachdem sie eine lediglich intensivierende, nicht aber konstituierende Funktion innehält.[150]

Die drei Voraussetzungen von Glaubwürdigkeit – Kommunikation, Relevanz, Unsicherheit[151] – werden für diese Arbeit aus folgenden Gründen als gegeben angenommen. Im Rahmen der Unternehmenskommunikation erfolgt die Kommunikation in Form der Marketingkommunikation zwischen dem Unternehmen als Kommunikator und Konsumenten als Rezipienten. Relevanz besteht insofern, als dass Konsumenten Entscheidungen über für sie bedeutsame Produkte zu treffen haben. Die Unsicherheit ist schließlich dadurch bestimmt, dass es Konsumenten unmöglich ist, jede Information eines Unter-

---

[146] Vgl. Klapper (1960), S. 129.
[147] Vgl. Küster-Rohde (2009), S. 1.
[148] Vgl. Harmon et al. (1982), S. 255.
[149] Vgl. Eisend (2006), S. 23.
[150] Vgl. hierzu Abschnitt 4.4.3.
[151] Vgl. Abschnitt. 4.1.

nehmens zu erhalten und zu überprüfen. In diesem Kontext sind dementsprechend alle Voraussetzungen für Glaubwürdigkeit erfüllt.

5. Glaubwürdigkeit von Nachhaltigkeitskommunikation

5.1 Modifikation der Prinzipien der Nachhaltigen Kommunikation

McDonagh bringt zum Ausdruck, dass mit den vier Prinzipien der Nachhaltigen Kommunikation gespielt werden muss, um eine neue Theorie aufzustellen. Um dem Ziel dieser Arbeit, Kriterien für eine glaubwürdige Nachhaltigkeitskommunikation aufzustellen, näher zu kommen, werden die Prinzipien im Folgenden in einer variierten, teils vereinfachten Form definiert und dargestellt. Bezug nehmend auf Abschnitt 3.3 sollen im Rahmen der vorliegenden Arbeit nachfolgende Modifikationen des Modells eingeführt werden.

1. Ecological trust [Vertrauen] bezieht sich im herkömmlichen Modell auf Kritiker, Medien und Kunden. Um dem Ziel der vorliegenden Arbeit gerecht zu werden, könnte eine Konzentration auf die Kunden eine sinnvolle Modifikation darstellen. Allerdings beinhaltet das Modell der Nachhaltigen Kommunikation von McDonagh (1998) nur eine vague Beschreibung dieses Prinzips: „Ecological trust; with the continuing loss of trust and confidence in businesses and business leaders leading to an ecological legitimation crisis. Sustainable Communication aims to rebuild that trust if it ever existed, and establish it in society general“ (S. 602). Auch im weiteren Verlauf der Modellbesprechung werden keine näheren Hinweise zur Definition dieser Komponente gegeben.
   Zur genauen Identifizierung dieses Prinzips wurde deswegen eine Sekundärrecherche von relevanter Literatur zu Nachhaltigkeitskommunikation durchgeführt.[152] Während hinreichend Hinweise auf die Prinzipien Dialog sowie auf Informationsaustausch (Informationsbereitstellung und Zugang zur Informationen) gefunden wurden, wurde Vertrauen nur vereinzelt als Komponente von Nachhaltigkeitskommunika-

---

[152] Hierzu wurden die Komponenten des Modells der Nachhaltigen Kommunikation hinsichtlich ihrer Relevanz untersucht. Während die Informationsbezogenen Prinzipien insgesamt mit 20 Nennungen und das Prinzip des Eco-Dialogues mit 25 Nennungen zu verzeichnen waren, konnten nur sechs Nennungen für das Prinzip Ecological Trust ausgemacht werden. Ausführlicher Überblick inklusive Quellenangaben und Textnachweisen ist nicht Teil des Arbeitspapieres. Bei Bedarf wenden Sie sich bitte an die Autorinnen.

tion angeführt. Die vorherrschende Unklarheit über den Begriff sowie die scheinbar mangelnde Relevanz dieses Prinzips begründen eine Vernachlässigung der Komponente Ecological trust im weiteren Verlauf der Arbeit.

2. Ecological access [Zugang zu Informationen] und Ecological disclosure [Informationsbereitstellung] beziehen sich beide auf den Informationsfluss zwischen Unternehmen und Konsumenten. Die Aggregation der beiden Prinzipien zu einer einzelnen Komponente beruht auf der Tatsache, dass sich beide Aspekte auf den gleichen Kommunikationsprozess, nämlich den Austausch von Informationen zwischen Unternehmen und Stakeholder beziehen, und sich gegenseitig bedingen. Da eine Bereitstellung der Information nicht wirksam werden kann, sofern der Kunde nicht auch darauf zugreifen kann, und Zugang zu Informationen nur dann Sinn macht, wenn auch Informationen bereitgestellt werden, ergibt sich hier ein interdependentes Verhältnis zwischen den beiden Prinzipien. Aus diesem Grund werden sie im Rahmen der vorliegenden Arbeit unter dem Begriff Ecological information zusammengefasst.
3. Ecological dialogue [Dialog] soll sich im Gegensatz zum herkömmlichen Modell für den weiteren Verlauf der Arbeit nicht ausschließlich auf Regierung, Gesetzgeber und Überwachungsorganisationen[153] beziehen. Anstatt dessen sollen alle Stakeholder und unabhängige Dritte als Teil eines interaktiven Dialogs zwischen einem Unternehmen und den entsprechenden Anspruchsgruppen betrachtet werden. Der Fokus der Betrachtungen innerhalb dieses Prinzips liegt auf den Kunden. Im Gegensatz zu Eco-Information liegt der Schwerpunkt hier nicht auf der reinen Informationsbereitstellung, sondern auf dem proaktiven und von Unternehmensseite initiierten Dialog zwischen einem Unternehmen und seinen Stakeholdern.
4. Zu überdenken wäre überdies die Annahme, dass ein radikaler Wandel des DSP Voraussetzung für die Anwendung des Modells sein soll. Nachhaltigkeit, oft auch als nachhaltige Entwicklung bezeichnet, ist ein

[153] Vgl. Abb. 3: Der Prozess der Nachhaltigen Kommunikation, Abschnitt 3.3.

fortwährender Lernprozess, der nur höchst unwahrscheinlich im Zuge einer plötzlichen Änderung vollzogen werden kann.[154]

Für die nachfolgende Anwendung des Modells der Nachhaltigen Kommunikation ergibt sich also eine zahlenmäßige Reduktion von vier auf die zwei Prinzipien Eco-Information und Eco-Dialogue sowie die Auffassung von Nachhaltigkeit als einem Prozess, der seinen Startpunkt in dem Wandel des DSP hat.

Basierend auf vorherigen Überlegungen kann Nachhaltigkeitskommunikation für diese Arbeit wie folgt definiert werden: *Nachhaltigkeitskommunikation umfasst eine Art der Marketingkommunikation, deren Zweck in der Informationsbereitstellung über und Herausstellung von nachhaltigen Tätigkeiten eines Unternehmens liegt, bei der das Unternehmen zunächst die Rolle des Senders und der Konsument die Rolle des Empfängers einnimmt; langfristig erfolgt eine prozesshafte Entwicklung dieser unidirektionalen Massenkommunikation hin zu einer dialogischen Kommunikationsform.*

5.2 Wann ist Kommunikation glaubwürdig?

Die Ausführungen in Abschnitt 4 zu Grunde gelegt, ist Kommunikation dann als glaubwürdig anzusehen, wenn die Kommunikationsquelle durch Vertrauenswürdigkeit und Kompetenz gekennzeichnet ist. Es sei betont, dass dies keine inhärenten Eigenschaften der Quelle selbst sind, sondern durch den Rezipienten im Rahmen eines Zuschreibungsprozesses als solche wahrgenommen werden müssen.

Auf den konkreten Fall übertragen bedeutet das also, dass ein Unternehmen dann glaubwürdig im Marketingbereich kommuniziert, wenn es vom Konsumenten als kompetent und vertrauenswürdig angesehen wird. Eine solche Kompetenz könnte z. B. durch den Expertenstatus[155] oder durch die Beurteilung durch unabhängige Dritte erfolgen. Die Vertrauenswürdigkeit eines Unternehmens könnte wiederum durch Offenheit ggü. dem Kunden und eine

---

[154] Nach Wild (2002) "(...) besteht in der Gesellschaft weitgehende Übereinstimmung in der Einschätzung, dass der Weg zu einer nachhaltigen Entwicklung ein kontinuierlicher Lernprozess ist, der im Dialog zwischen den gesellschaftlichen Gruppen organisiert werden muss" (S. 98).

[155] Dieser kann nach Nawratil (1999) durch die „Nennung von Berufsbezeichnungen oder akademischen Titeln sowie aus der Einstufung als ‚Fachmann', ‚Experte' oder ‚Spezialist' für ein bestimmtes Fachgebiet" ergeben. „Indirekte Rückschlüsse auf die Kompetenz ergeben sich zusätzlich aus Hinweisen über Organisationszugehörigkeiten (...)" (S. 22).

freiwillige Offenlegung von Unternehmensinformationen erfolgen. Im Prozess der glaubwürdigen Nachhaltigkeitskommunikation sind die Komponenten ‚Öffentlicher Zugang zu Information' und ‚Dialog' Voraussetzungen für die darauf aufbauende Glaubwürdigkeit. Die vorangehenden Überlegungen legen nahe, dass Nachhaltigkeitskommunikation vermutlich dann glaubwürdig ist, wenn erstens das modifizierte Modell der Nachhaltigen Kommunikation vorhanden ist und zweitens mindestens diese zwei Dimensionen von Glaubwürdigkeit erfüllt sind, wie die folgende Abbildung darstellt.

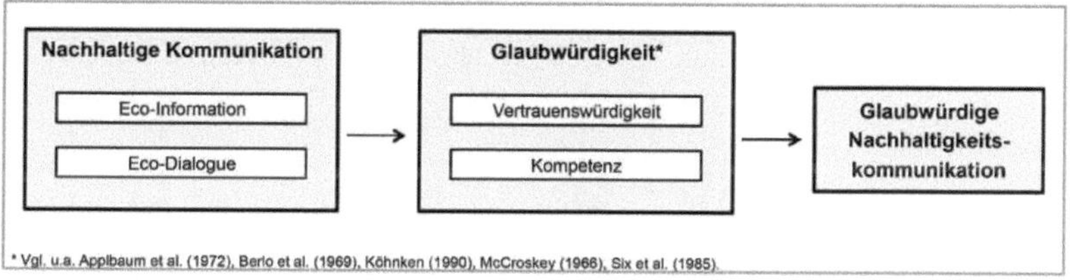

Abb. 5: Prozess zur Entwicklung einer glaubwürdigen Nachhaltigkeitskommunikation (eigene Darstellung)

Welche anderen Faktoren im Speziellen zur Glaubwürdigkeit von Nachhaltigkeitskommunikation beitragen, soll im Folgenden ermittelt und empirisch validiert werden.

5.3 Glaubwürdige Nachhaltigkeitskommunikation

5.3.1 Literaturrecherche

Um eine Grundlage für die explorative Forschung mittels Fokusgruppen zu legen, wurde eine Literaturrecherche in zwei Schritten durchgeführt. Zunächst wurde nach Belegen für die Glaubwürdigkeit von Nachhaltigkeitskommunikation gesucht, während im zweiten Schritt die Ergebnisse um allgemeine Kriterien für glaubwürdige Kommunikation angereichert wurden.[156] Ein Überblick der Ergebnisse ist in der folgenden Abbildung dargestellt.

	KATEGORIEN DER VORAUSSETZUNGEN											
	Langfristigkeit / kein Greenwashing	Öffentl. Zugang zu Info.	Einbezug Stakeholder / Kenntnis d. Gesellschaft	Einbezug unabhängiger Dritter	Offenheit	Integration in die UN-Kommunikation	Konsistenz	Komplexitätsreduktion	Definition	Aktive Kommunikation	Kundennutzen	TOTAL
Glaubwürdige Nachhaltigkeitskomm. *Anzahl der Nennungen*	9	9	8	6	5	3	2	2	2	1	1	22
Glaubwürdige Nachhaltigkeitskomm. zzgl. allg. Glaubwürdigkeitskriterien *Anzahl der Nennungen*	12	11	11	13	6	5	7	3	3	2	1	40

Abb. 6: Hypothetische Kriterien einer glaubwürdigen Nachhaltigkeitskommunikation

5.3.2 Kriterien einer glaubwürdigen Nachhaltigkeitskommunikation

Auf Basis der vorangegangen Literaturrecherche lassen sich vorerst folgende Kriterien für eine glaubwürdige Nachhaltigkeitskommunikation ableiten:

- Langfristigkeit / kein Greenwashing: Die Beständigkeit eines Unternehmens, kontinuierlich und mit fundierten Belegen, seine Nachhaltigkeitsaktivitäten über einen längeren Zeitraum hinweg zu kommunizieren.
- Öffentlicher Zugang zu Informationen: Freiwillige Bereitstellung von sowie Ermöglichung eines leichten Zugangs zu Informationen von Seiten des Unternehmens für die Anspruchsgruppen.
- Einbezug von Stakeholdern / Kenntnis der Gesellschaft: Aktive Einbeziehung aller relevanten Anspruchsgruppen eines Unternehmens auf Basis der Kenntnis ihrer Interessen und Bedürfnisse.

---

[156] Für eine ausführliche Beschreibung der Vorgehensweise der Literaturrecherche sowie für einen detaillierten Überblick der Ergebnisse inklusive Textstelle, Autor, Titel und Seitenangabe entnehmen vgl. Anhang, Abschnitt Literaturrecherche.

- Einbezug unabhängiger Dritter: Rückbeziehung auf und Integration von Urteilen unabhängiger Dritter, wie z. B. übergeordneter Institutionen oder deren Zertifizierungen.
- Offenheit: freiwillige Eigenschaft des Unternehmens, ehrliche und wahrheitsgetreue Informationen über seine Nachhaltigkeitsaktivitäten darzulegen.
- Integration in die Unternehmenskommunikation: Aufnahme von Nachhaltigkeitskommunikation in die anderen Bereiche der Unternehmenskommunikation sowie Abstimmung der Bereiche untereinander.
- Konsistenz: einheitliche Bedeutung und Beschreibung der kommunizierten Inhalte über Nachhaltigkeitsaktivitäten über alle Kanäle hinweg.

Schlussendlich konnte das in Abschnitt 5.1 vorgestellte Modell der Nachhaltigen Kommunikation durch die zwei Kriterien ‚Zugang zu Informationen' und ‚Stakeholderdialog' auf Basis der Literaturrecherche bekräftigt werden. Die verbleibenden fünf Kriterien sind vermutlich dem Konstrukt Glaubwürdigkeit zuzuordnen. Diese Zusammenhänge verdeutlicht Abbildung 7.

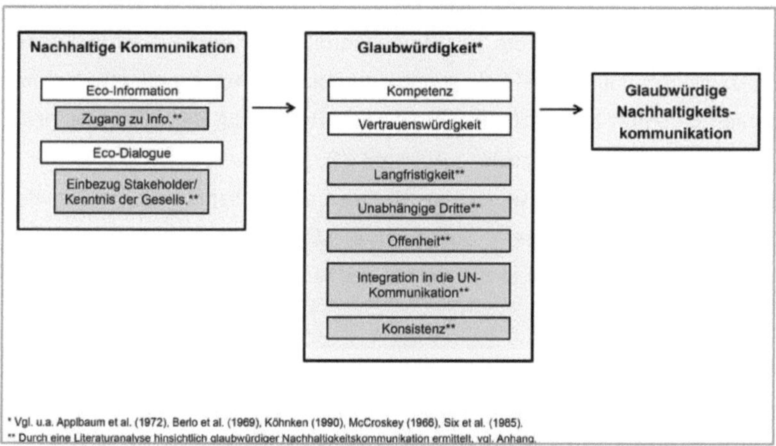

Abb. 7: Zuordnung der ermittelten Kriterien zu den Bereichen Nachhaltige Kommunikation und Glaubwürdigkeit

6. Empirische Validierung mittels qualitativer Forschung

Im nächsten Schritt wurden die Erkenntnisse mittels qualitativer Forschung, genauer mittels Fokusgruppen, überprüft. Vor allem in den letzten Jahren hat qualitative Forschung[157] an Bedeutung gewonnen und wird u. a. zu Explorationszwecken verwendet. Zur Unterscheidung ggü. quantitativer Forschung erläutern Bortz et al. (2005): „Während in der qualitativen Forschung Erfahrungsrealität zunächst verbalisiert wird (qualitative, verbale Daten), wird sie im quantitativen Ansatz numerisch beschrieben (...)“ (S. 295). Hierbei kann die Gruppendiskussion, welche sich insbesondere zu Explorationszwecken eignet[158], den Befragungsverfahren zugeordnet werden.[159]

Fokusgruppen[160] werden Lamnek (2005b) zufolge „als Gespräch einer Gruppe von Untersuchungspersonen zu einem bestimmten Thema unter Laborbedingungen“ bezeichnet (S. 376).[161] Sie sind für vielfältige Zwecke einsetzbar und besonders geeignet, wenn es um kollektive Einstellungen oder öffentliche Meinungen geht.[162] Bei einer ermittelnden Gruppendiskussion, wie sie im Rahmen dieser Arbeit durchgeführt wird, steht die Erlangung von Informationen über inhaltliche Ergebnisse im Fokus.[163] Das, was die Teilnehmer während der Gruppendiskussion sagen, sind die essentiellen Daten dieser qualitativen Erhebung.[164]

Die Gestaltung von Fokusgruppen[165] beinhaltet eine Reihe von Variationsmöglichkeiten, so z. B. hinsichtlich der Zusammenstellung von Gruppen, der Rolle des Diskussionsleiters, der Gruppengröße oder dem (un-)strukturierten Diskussionsverlauf.[166] Bei Fokusgruppen erfolgt die Auswahl der Teilnehmer gemäß Lamnek (2005b) „in der Regel nach Theoretical Sampling, das heißt, es handelt sich um eine gezielte Auswahl“ (S. 399).

Die gewonnenen Daten werden im Rahmen der vorliegenden Arbeit mittels qualitativer Inhaltsanalyse[167] ausgewertet. Mayring et al. (2007) definieren diese wie folgt: „Sie stellt eine Methode der Auswertung fixierter Kommunika-

---

[157] Für eine ausführliche Erläuterung qualitativer Forschung, im Speziellen in Abgrenzung zu quantitativer Forschung, vgl. Anhang, Abschnitt D.

[158] Vgl. Lamnek (2005a), S. 71f.

[159] Vgl. Dreher et al. (1991), S. 186.

[160] Für eine ausführliche Besprechung der Forschungsmethode der Fokusgruppen vgl. Anhang, Abschnitt E.

[161] Für eine ausführliche Begriffsdiskussion des Begriffes ‚Gruppendiskussion‘ vgl. Lamnek (2005a), S. 26ff.

[162] Vgl. Mayring (1996), S. 60.

[163] Vgl. Lamnek (2005b), S. 379.

[164] Vgl. Morgan (1998), S. 1.

[165] Für die Erläuterung des methodischen Vorgehens bei Fokusgruppen vgl. Anhang, Abschnitt F.

[166] Vgl. Lamnek (2005b), S. 394.

[167] Für eine ausführliche Erläuterung der Qualitativen Inhaltsanalyse vgl. Anhang, Abschnitt G.

tion (z.B. Texte) dar, geht mittels eines Sets an Kategorien systematisch, regel- und theoriegeleitet vor und misst sich an Gütekriterien“ (S. 673).[168] Für explorative Forschungsdesigns, eignet sich insbesondere die Technik der induktiven Kategorienbildung.[169] Hierbei wird von empirischen Beobachtungen auf theoretische Konzepte geschlossen[170], die Kategorien werden direkt aus dem Material abgeleitet[171].

7. Untersuchungsaufbau

7.1 Stichprobenauswahl

7.1.1 Endkonsumenten als relevante Stakeholder-Gruppe

Freeman (2012) zufolge ist ein Unternehmen dann erfolgreich, wenn „it can create products that customers love“ (S. 17). Um dieses Ziel erfolgreich durchzusetzen, ist der direkte Einbezug von Zulieferern, Angestellten und Investoren notwendig, sodass ‚managing for stakeholders‘ zu einer Sache des gesunden Menschenverstandes wird.[172]

Nachhaltigkeit wiederum ist demnach das Ergebnis der Berücksichtigung verschiedener Stakeholder und Nachhaltigkeitsaktivitäten spiegeln sich direkt in einem Stakeholder-Ansatz wider.[173] Aus diesem Grund scheint es nur logisch, für die nachfolgende Untersuchung eine besonders wichtige Gruppe von Stakeholdern auszuwählen. Die Gruppe der Konsumenten, welche als primäre Stakeholder charakterisiert werden können[174], übt ihre (zumeist große) Macht aus, indem sie bestimmte Produkte kauft oder diesen Kauf verweigert und besitzt somit starken Einfluss auf die Unternehmen.[175]

Auch wenn andere Stakeholder-Gruppen nicht zu vernachlässigen sind,[176] gibt es doch klare Argumente, dass diese Gruppe im Rahmen von Nachhaltigkeitsthemen näher betrachtet werden sollte. Zum einen wird anderen Stakeholder-Gruppen bei Nachhaltigkeitstätigkeiten oftmals deutlich mehr Aufmerksamkeit geschenkt, zum anderen kann der Endkonsument in seiner Rol-

[168] Für eine ausführliche Begriffsdiskussion vgl. Mayring (2010), S. 42ff.
[169] Vgl. Mayring et al. (2007), S. 671.
[170] Vgl. Früh (2001), S. 72.
[171] Vgl. Mayring (2010), S. 83.
[172] Vgl. Guenza (2012), S. 18.
[173] Vgl. Sheth et al. (2011), S. 22.
[174] Vgl. Guenza (2012), S. 17.
[175] Vgl. Collins et al. (2007), S. 556.
[176] Vgl. Cronin et al. (2011), S. 160, beispielhaft werden Luchs et al. (2010) angeführt.

le als Stakeholder verschiedene Identitäten annehmen[177], sodass die Bandbreite an Ergebnissen vergrößert werden kann. So können Konsumenten zudem auch als Bürger, Eltern, Angestellte oder Vereinsmitglieder angesehen werden[178] und damit weitreichende Überlegungen und Einstellungen zu Tage bringen. Darüber hinaus wurde gezeigt, dass die vorangestellte Kundenorientierung von Unternehmen dazu führt, auch konkurrenzfähig nachhaltig zu sein.[179] Bei all dem konnte zudem gezeigt werden, dass Stakeholderinteressen sich zwar voneinander unterscheiden, jedoch nicht in dem Ausmaß, wie zuvor angenommen.[180] Endkonsumenten können somit als besonders relevante, zugleich aber für viele Stakeholderinteressen repräsentative Anspruchsgruppe gesehen werden. Ihre Einstellungen und Meinungen zu Glaubwürdigkeit von Nachhaltigkeitskommunikation in der Modebranche, welche mittels Fokusgruppen zu Tage gebracht werden sollen, können somit die theoretischen Überlegungen validieren oder begründet in Frage stellen.

7.1.2 Unternehmen der Modebranche als Untersuchungsgegenstand

In der Klassifikation der Wirtschaftszweige wird die Bekleidungsindustrie als Wirtschaftszweig 14 (Herstellung von Bekleidung) geführt.[181] Zwar musste die deutsche Bekleidungsindustrie 2012 einen geringen Verlust verbuchen, jedoch ist der Umsatz mit insgesamt ca. 7,7 Mrd. Euro relativ stabil geblieben und konnte ggü. den Vorjahren einen leichten Anstieg verzeichnen.[182] Mit Platz 4 im europäischen Umsatzvergleich gehört Deutschland damit zu den größten Bekleidungsmärkten. Diese starke Position wird auch dadurch verdeutlicht, dass drei der zehn größten Bekleidungshersteller in Europa aus Deutschland kommen.[183] 2012 waren insgesamt 31.281 Personen im deutschen Bekleidungsgewerbe beschäftigt.[184]

---

[177] Vgl. Sheth et al. (2011), S. 23.
[178] Vgl. Smith et al. (2010), S. 4.
[179] Vgl. Day (1994), S. 49.
[180] Vgl. Leonidou et al. (2013), S. 166.
[181] Vgl. Statistisches Bundesamt (2007), S. 10; die Statistik unterscheidet hier die drei Bereiche Herstellung von Bekleidung (ohne Pelzwaren), Herstellung von Pelzwaren und Herstellung von Bekleidung aus gewirktem und gestricktem Stoff.
[182] Vgl. Statistisches Bundesamt (2013), zitiert in Statista (2013b), S. 14.
[183] Vgl. Textilwirtschaft (2012), zitiert in Statista (2013b), S. 10.
[184] Vgl. Statistisches Bundesamt (2013), zitiert in Statista (2013b), S. 45.

Innerhalb der Modebranche[185] stellt der kleine, aber exponentiell ansteigende Markt mit ethischer Kleidung einen vielversprechenden Forschungszweig dar.[186] Zwar musste bspw. innerhalb des Vereinigten Königreichs 2011 ein Rückgang des Konsums von ethischer Bekleidung verzeichnet werden, allerdings gab es einen Anstieg von so genannten Charity Shops und Boykotten von Kundenseite.[187] Diese Entstehung eines neuen Bewusstseins hinsichtlich Nachhaltigkeit im Bereich der Mode wird auch hierdurch deutlich.[188]
Eine solche Entwicklung findet auch innerhalb der deutschen Modebranche statt.[189] So gibt es im Rahmen der Berlin Fashion Week nun auch separate Modenschauen für nachhaltige Produkte.[190] In einer detaillierten Szenario-Analyse des Forum for the Future wird ‚Slow Fashion' als wichtiger Trend Richtung Nachhaltigkeit vorgestellt.[191] Das Umdenken in Richtung nachhaltiger Bekleidung findet so zu großen Teilen auch schon bei Konsumenten statt. Im Gegensatz zu anderen Industrien wie Lebensmittel oder Automobil gibt es allerdings noch große Diskrepanzen zwischen den Einstellungen der Konsumenten und ihrem tatsächlichen Verhalten.[192]

---

[185] Um eine vollständige Definition des Begriffs Modebranche herzuleiten, wird die Bekleidungsindustrie um die Bereiche Großhandel, Einzelhandel sowie Versand- und Internethandel mit Bekleidung ergänzt. Auf Basis der Definition von ‚Mode' als „in einer bestimmten Zeit, über einen bestimmten Zeitraum bevorzugte, als zeitgemäß geltende Art, sich zu kleiden, zu frisieren, sich auszustatten" (Duden, 2013d) kann ‚Modebranche' für den weiteren Verlauf der Arbeit schließlich wie folgt definiert werden: *Die Modebranche umfasst die der Mode zugehörigen Industriezweige von der Herstellung über die Distribution bis hin zum Groß-, Einzel, Internet- und Versandhandel und legt den Schwerpunkt auf die dominante Sparte der Oberbekleidung.*

[186] Vgl. Mintel (2009), zitiert in Jägel et al. (2012), S. 373.

[187] Vgl. The Co-operative Group (2012), S. 3.

[188] Do Paco et al. (2013) beschreiben diese Entwicklung wie folgt: „Although consumers continue to want to satisfy their wants and desires, nowadays, the feel that, at the same time, they should adopt a more active role in the protection, preservation and conservation of the environment" (S. 419).
Welters (2009) erklärt dies wie folgt: "Increased awareness of the damage caused by greenhouse gases calls for stricter environmental controls for industry, particularly in developing countries. (...) Consumers themselves have a growing awareness of practices that lead to sustainable living. The interest in and potential for sustainability in the production and consumption of textile and apparel products is unique to our times" (S. 27).

[189] Vgl. Kolosowa (2013).

[190] Vgl. Strasser (2013).

[191] Vgl. Bennie et al. (2010), S. 22ff.; Fletcher (2008) definiert diesen Trend folgendermaßen: „In melding the slow movement's ideas with the global clothing industry, we build a new vision for fashion in the era of sustainability: where pleasure and fashion is linked with awareness and responsibility. (...) Slow fashion is about designing, producing, consuming and living better. It is about combining ideas about a sense of nature's time (of regenerating cycles and evolution), culture's time (of the value of traditions and wisdom), as well as the more common timeframes of fashion and commerce" (S. 173).

[192] Vgl. Gleim et al. (2013), S. 44f.; Olson (2013), S. 182; Sheth et al. (2011), S. 26.

Verschiedene Skandale innerhalb der Bekleidungsproduktion[193] wie auch die aktuellen Geschehnisse in Bangladesch[194] verdeutlichen die Aktualität von nachhaltigkeitsbezogenen Themen innerhalb der Modebranche. Zum einen erlebt die Branche insgesamt eine starke Entwicklung hin zum Thema Nachhaltigkeit, zum anderen werfen aktuelle Geschehnisse auch bei Konsumenten Fragen auf und regen zu erhöhtem Bewusstsein an. Aus diesem Grund bietet es sich an, Endkonsumenten der Modebranche innerhalb von Fokusgruppen zu befragen.

7.1.3 Stichprobe der durchgeführten Erhebung

Die Auswahl der Probanden bezieht sich auf mögliche Endkonsumenten von Modeunternehmen, die gleichzeitig Käufer des Produktes sein können.[195]Da der Kauf von Bekleidung nicht auf ein Geschlecht beschränkt ist, wurde eine gemischte Gruppe von Männern und Frauen angestrebt. Auch hinsichtlich Alter, Beruf und Einkommen ist die Zielsetzung der Stichprobenauswahl durch eine große Heterogenität dieser Komponenten gegeben. Auf Basis dieser Überlegungen erfolgte die folgende Auswahl der Teilnehmer der Fokusgruppen. Die nachfolgende Abbildung gibt einen Überblick der ausgewählten Stichprobe.

---

[193] Vgl. Kwasniewski (2013).

[194] Ende April diesen Jahres waren in der Hauptstadt von Bangladesch, Dhaka, mehrere hundert Menschen bei dem Einsturz einer Textilfabrik ums Leben gekommen. Seither stehen nicht nur Kontrollorganisationen wegen unterlassener Sicherheitsüberprüfungen, sondern vor allem Textilunternehmen, die dort produzieren lassen, in der Kritik. Vgl. u. a. Biraj (2013).

[195] Die Endkonsumenten im Kleinkinds- und Kindesalter (0-15 Jahre) werden somit von der Auswahl ausgeschlossen.

MERKMAL	AUSPRÄGUNG	ANZAHL (absolut)	ANZAHL (Prozent)
Geschlecht	Männlich	5	33,33%
	Weiblich	10	66,67%
Alter	16 - 25	9	60,00%
	26 - 35	3	20,00%
	36 - 45	0	0,00%
	46 - 55	2	13,33%
	56 - 65	1	6,67%
Höchster Bildungsabschluss	Hauptschulabschluss (Volksschulabschluss)	0	0,00%
	Realschulabschluss (Mittlere Reife)	0	0,00%
	Fachochschulreife / Abschluss einer Fachoberschule	0	0,00%
	Allgemeine oder fachgebundene Hochschulreife / Abitur	7	46,67%
	Abgeschlossene Berufsausbildung (Lehre)	1	6,67%
	Bachelor an (Fach-)Hochschule abgeschlossen	4	26,67%
	Fachhochschul- oder Universitätsabschluss (z. B. Diplom, Master)	3	20,00%
Erwerbssituation	Vollzeiterwerbstätig	7	46,67%
	Teilzeiterwerbstätig	1	6,67%
	Geringfügig erwerbstätig / 400-Euro-Job	5	33,33%
	In einer beruflichen Ausbildung / Lehre	1	6,67%
	Nicht erwerbstätig	1	6,67%
Berufsgruppe	Selbstständige/r	1	6,67%
	Beamter / Beamtin	0	0,00%
	Angestellte/r	11	73,33%
	Andere	2	13,33%
	(entfällt)	1	6,67%
Bekleidungseinkauf (p.a.)	1 - 2 Mal	0	0,00%
	3 - 4 Mal	4	26,67%
	5 - 7 Mal	2	13,33%
	8 - 12 Mal	6	40,00%
	Mehr als 12 Mal	3	20,00%

Abb. 8: Überblick der ausgewählten Stichprobe

Während hinsichtlich des Geschlechts die Mehrheit der Probanden weiblich war, gab es vor allem in Bezug auf das Einkaufsverhalten und die Erwerbssituation eine große Heterogenität der Stichprobe. Relativ homogen zeigte sich die Gruppe bezüglich des höchsten Bildungsabschluss, da dieser bei allen Teilnehmern mindestens dem Abitur entsprach.

7.2 Leitfaden

Es wurde ein Leitfaden für Fokusgruppen mit einer Dauer von ca. 90 min. erstellt, dessen Themenabfolge auf den zuvor ermittelten Kriterien basiert.

7.3 Durchführung

Die Teilnehmer der Fokusgruppen wurden direkt persönlich oder per E-Mail kontaktiert und erhielten hierbei alle Informationen zum zeitlichen und organisatorischen Ablauf der Fokusgruppe. Zur Durchführung der Fokusgruppen mit je 5 – 6 Teilnehmern[196] wurden drei Termine im Juni 2013 veranschlagt, die jeweils am frühen Abend anberaumt waren. Die Teilnehmer erhielten neben Getränken und Süßigkeiten als Verpflegung während der Fokusgruppen keine weiteren Incentives. Sie wurden gebeten, einen Fragebogen zu ihren Soziodemografika sowie zum Einkaufsverhalten auszufüllen.

[196] Fokusgruppe 2 wurde aufgrund einer kurzfristigen Absage eines Teilnehmers mit insgesamt vier Teilnehmern durchgeführt.

Der Untersuchungsaufbau sah eine thematische Strukturierung vor, bei der sich der Diskussionsleiter neutral verhält und einen non-direktiven Führungsstil verfolgt.[197]

8. Auswertung und Ergebnisse

8.1 Datenanalyse

Das Datenmaterial, welches in Form von schriftlicher Transkription, Audio-Aufnahmen sowie ergänzenden Protokollen vorlag, wurde mithilfe der qualitativen Inhaltsanalyse ausgewertet.[198] Die Bearbeitung erfolgte gemäß dem Prozess der induktiven Kategorienbildung[199] mit zwei Codierern. Beide waren schon frühzeitig in die Entwicklung des Instrumentes einbezogen.[200] Die Anforderungen an ein Kategoriensystem – Inhaltlicher Fit, Trennschärfe, Vollständigkeit, Eindeutigkeit – wurden eingehalten.[201] In Hinblick auf die sechs allgemeinen Gütekriterien qualitativer Forschung konnten die folgenden vier Kriterien erfüllt werden:[202]

[197] Vgl. Lamnek (2005b), S. 404.
[198] Vgl. Abschnitt G.
[199] Vgl. Mayring (2010), S. 84.
[200] Vgl. Rössler (2010), S. 178.
[201] Vgl. Ball et al. (1992), S. 23.
[202] Verfahrensdokumentation: Methoden wurden speziell für den Gegenstand entwickelt, zudem gab es einen ausführlichen Überblick von bisheriger Literatur zur Explikation des Vorverständnisses;
Argumentative Interpretationsabsicherung: neben dem Vorverständnis der Interpretation wurden auch Alternativdeutungen überprüft;
Regelgeleitetheit: die Arbeitsschritte waren vorgeplant, es gab eine Zerlegung des Materials in sinnvolle Einheiten und die Kategorienbildung entsprach einem schrittweisen Vorgehen;
Nähe zum Gegenstand: Forschung in der Praxis und Bezug zur natürlichen Lebenswelt;
Kommunikative Validierung: weder gab es eine Diskussion mit Befragten, noch konnte eine Absicherung der Gültigkeit der Ergebnisse gewährleistet werden;
Triangulation: auf die Verbindung mehrerer Analysegänge, sowie auf die Anwendung verschiedener Lösungsgänge musste aus zeitlichen Gründen verzichtet werden.

ERFÜLLT	KRITERIUM
✓	Verfahrensdokumentation
✓	Argumentative Interpretationsabsicherung
✓	Regelgeleitetheit
✓	Nähe zum Gegenstand
×	Kommunikative Validierung
×	Triangulation

Abb. 9: Erfüllung allgemeiner Gütekriterien qualitativer Forschung (eigene Darstellung in Anlehnung an Mayring (1996), S. 119ff.)

Auf eine kommunikative Validierung mit den Teilnehmern der Fokusgruppen sowie die Durchführung einer Triangulation musste im Rahmen dieser Arbeit verzichtet werden.

8.2 Erfüllung der Gütekriterien

An die Güte einer qualitativer Datenerhebung werden folgende Ansprüche im Sinne klassischer Testgütekriterien gestellt: Objektivität, Reliabilität, Validität.[203]

Die Objektivität der vorliegenden Untersuchung kann in Anlehnung an Kolbe/Burnett[204] als zufrieden stellend angesehen werden. Die Auswertung erfolgt nach festgelegten Regeln, gemäß derer die Codierer geschult waren. Während des Auswertungsprozesses standen die Auswerter nicht in Kontakt miteinander und waren somit unabhängig. Allerdings musste im Rahmen dieser Arbeit auf eine hohe Anzahl von Codierteams sowie auf einen Pretest verzichtet werden.

In Bezug auf die Intercoder-Reliabiliät konnten gute Werte gemessen werden. Das Holsti-Maß[205] beträgt 0,92[206], während der Reliabilitätsindex von Perrault-Leigh[207] 0,96[208] beträgt.

Die Inhaltsvalidität der Auswertung wird dann als zufrieden stellend angesehen, wenn alle das Forschungsobjekt betreffenden Meinungen und Verhaltensweisen vollständig in dem Kategorienschema durch dessen Kategorien

---

203 Vgl. Bortz et al. (2005), S. 326.
204 Vgl. Kolbe et al. (1991), S. 245ff.
205 Vgl. Holsti (1969), S. 140.
206 Genauer Wert: 0,918863049.
207 Vgl. Perreault et al. (1989), S. 140ff.
208 Genauer Wert: 0,958242749.

und Subkategorien abgebildet werden.[209] Da beim finalen Materialdurchgang von keinem der beiden Auswerter eine neue Kategorie in das Schema aufgenommen wurde, kann die Inhaltsvalidität für hoch befunden werden.
Hohe Realiabilitätsindizes, eine akzeptable Objektivität sowie eine hohe Inhaltsvalidität legen nahe, dass das verwendete Schema dieser Auswertung die Merkmale einer glaubwürdigen Nachhaltigkeitskommunikation akkurat repräsentiert.

8.3 Ergebnisbesprechung

Obwohl Merkmale einer glaubwürdigen Nachhaltigkeitskommunikation im Zentrum der Untersuchung standen, nannten die Teilnehmer zumeist ungestützt viele weitere Aspekte, die z. B. die Glaubwürdigkeit beeinflussen oder auch diese erhöhen könnten. Die Ergebnisse lassen sich grundsätzlich in die folgenden fünf Bereiche unterteilen:

1. Nachhaltigkeit
2. Informationsbeschaffung
3. Glaubwürdigkeit
4. Implikationen
5. Fallbeispiel: Werbeanzeige H&M „Conscious Collection“

Aufgrund der Materialfülle ist gemäß Bortz et al. (2005) „eine kompakte und vollständige Ergebnispräsentation schwer zu erstellen“ (S. 331). Aus diesem Grund ist das Kategorienschema inklusive Kategoriendefinitionen und Ankerbeispielen dem Anhang zu entnehmen.[210, 211] Die nachfolgenden Ausführungen behandeln in der Hauptsache die Themenkomplexe Informationsbeschaffung und Glaubwürdigkeit. Der erste und vierte Bereich werden nur kurz angesprochen, während die Besprechung des Fallbeispiels im Anhang aufgeführt ist.[212]

---

[209] Vgl. Keaveney (1995), S. 74. Trotz der Bezugnahme auf die Critical Incident Technique im Original wird die Bestimmung der Inhaltsvalidität auf die vorliegende Auswertung übertragen, da beiden Erhebungen die gleiche Auswertungsmethode zugrunde liegt.
[210] Nicht Teil des Arbeitspapieres. Bei Bedarf wenden Sie sich bitte an die Autorinnen.
[211] Direktzitate von Probanden (P) einer Fokusgruppe (FG) werden als Fußnote aufgefüht.
[212] Vgl. Anhang, Abschnitt I.

8.3.1 Nachhaltigkeit[213]

Für Endkonsumenten der Modebranche bedeutet Nachhaltigkeit zunächst Langfristigkeit, also ein kontinuierliches, nachhaltiges Verhalten von Unternehmen, was zukünftige Generationen miteinbezieht.[214] Zudem kommt es für die Teilnehmer dem Begriff Ganzheitlichkeit gleich[215], was auch dem integrativen Ansatz der Enquete-Kommission entspricht.[216] Der Nachhaltigkeitsbegriff wurde zudem mit Sozialer Fairness im Sinne von fairen Arbeits- und Produktionsbedingungen konnotiert.[217] Darüber hinaus wurde er als eine Worthülse ohne konkreten Inhalt bezeichnet[218] oder als starker Widerspruch zur Modebranche[219] genannt. Außerdem schrieben die Teilnehmer dem Thema Nachhaltigkeit eine zunehmende Wichtigkeit sowohl für Unternehmen als auch für die gesellschaftliche Entwicklung zu.[220] Zwei Teilnehmer befanden, dass der Begriff zu häufig benutzt werde.[221]

8.3.2 Informationsbeschaffung

Im Bereich der Modebranche würden Endkonsumenten vornehmlich (9 aus 15) über das Internet suchen, sobald sie Nachhaltigkeitsinformationen über ein Unternehmen erhalten möchten.[222] Hierbei wurden neben der unternehmenseigenen Website auch Quellen des e-WOM, z. B. Diskussionsforen, genannt.[223] Fünf von fünfzehn Teilnehmern würden Mitarbeiter des Unter-

---

[213] Für einen Überblick inklusive Anzahl der Nennungen vgl. Anhang (digital), Ergebnispräsentation, Nachhaltigkeit.

[214] Vgl. bspw. FG3, P15: „Nachhaltigkeit ist für mich etwas, was überhaupt mit Dingen in der Welt zu tun hat, die nicht schnelllebig sind, sondern eine gewisse Wertigkeit haben" (S. 1) oder FG1, P6: „(...) dass man auch die nächste Generation da mit einbezieht" (S. 1).

[215] Vgl. bspw. FG3, P13: "(...) sicherlich auch der ganzheitliche Ansatz. Sprich der Einbezug sämtlicher Interessengruppen, die auf ein Projekt einwirken" (S. 1).

[216] Vgl. Abschnitt 2.1.

[217] Vgl. bspw. FG1, P1: "Nachhaltigkeit in der Mode: fair produziert, die Arbeiterinnen fair bezahlt, gute Arbeitsbedingungen" (S. 1).

[218] Vgl. bspw. FG1, P2: "Nachhaltigkeit hat für mich so ein bisschen einen Worthülsengeschmack" (S. 1) oder FG2, P8: "Ich denke auch: mit dem Begriff Nachhaltigkeit wird heute nur so um sich geschmissen und so ein paar Sätze auf der Homepage, bspw. von einem Unternehmen. Das ist so eine Worthülse, die mir eigentlich nichts sagt" (S. 3).

[219] Vgl. bspw. FG3, P11: „"Also es kam irgendwo mal vor: dieser Widerspruch von Mode in modisch sein, zeitgemäß sein, immer wieder was Neues und dem Begriff Nachhaltigkeit, der eigentlich genau in die Gegenrichtung zielt“ (S. 13).

[220] Vgl. bspw. FG1, P2: "und es scheint sich ein gesellschaftliches Grundbedürfnis zu entwickeln nach Nachhaltigkeit" (S. 4).

[221] Vgl. bspw. FG2, P10: "Nachhaltigkeit, finde ich, ist ein sehr häufig strapazierter Begriff im Moment." (S. 1).

[222] Positiv-Nennungen: Neun von fünfzehn Teilnehmern, vgl. bspw. FG1, P2: "Internet ist sicher die Informationsquelle Nummer eins" (S. 2) oder FG2, P9: "Ich würde auch generell über's Internet gehen" (S. 1).

[223] Vgl. bspw. FG1, P3: "Vielleicht Diskussionsforen im Internet, also so ein reger Austausch von Konsumenten" (S. 2).

nehmens kontaktieren, bspw. über den direkten Kontakt im Einzelhandel. Weitere Informationsquellen waren Reportagen, Nachhaltigkeitsreports oder die Fachpresse. Auf WOM oder Add-Ons bei Produkten würden sich nur insgesamt drei der fünfzehn Teilnehmer verlassen.

Die Motivation zur Informationsbereitstellung von Unternehmen erwächst nach Meinung der Endkonsumenten zumeist aus Eigeninteresse des Unternehmens.[224] Die kann im Einzelfall auch durch die Forderung von Kundenseite oder den Wettbewerbsdruck ausgelöst werden.

Der Großteil der Teilnehmer (9 aus 15) wäre nicht bereit, sich aktiv Informationen über die Nachhaltigkeitsaktivitäten eines Unternehmens zu beschaffen.[225] Nur zwei Teilnehmer sahen überhaupt eine Notwendigkeit des Verbrauchers, Unternehmen kritisch zu beurteilen. Allerdings formulierten die Befragten den Wunsch, bei Bedarf auf Informationen zugreifen zu können[226], was die Forderung nach Eco-Information als Grundlage einer Nachhaltigen Kommunikation[227] bestätigt.

Während bei einem Teil der befragten Endkonsumenten positive Gefühle durch den Erwerb nachhaltiger Bekleidung ausgelöst werden könnten[228], gaben nur zwei Teilnehmer an, dass Endkonsumenten ggf. auch einen höheren Preis dafür zahlen würden[229].

---

224 Positiv-Nennungen: Fünf von fünfzehn Teilnehmern, vgl. bspw. FG1, P4: "auf der anderen Seite haben die Unternehmen alle großes Interesse daran - würde ich mal behaupten - dass genau solche Informationen weitergegeben werden können" (S. 2) oder FG1, P6: "Und dadurch, dass sie selber mehr Arbeit reinstecken, ist es natürlich auch in dem ihren Sinne, das besser zu präsentieren. Sei es auf der Homepage, in der Kommunikation, über Vertreter in irgendwelchen Diskussionsrunden" (S. 3).

225 Vgl. bspw. FG1, P6: "Ich hab' auch ehrlich gesagt keinen Bock da drauf, jedes Mal, wenn ich shoppen gehe, nachzuschauen, was hat jetzt der Arbeiter in der Firma für einen Lohn bekommen" (S. 13) oder FG 2, P8: "Also wenn ich was kaufe, dann schaue ich tatsächlich nicht auf's Label "made in irgendwo", das ist mir eigentlich relativ egal. Eine ehrliche Meinung“ (S. 2).

226 Positiv-Nennungen: Neun von fünfzehn Teilnehmern, vgl. bspw. FG2, P9: „Man sollte, finde ich, wirklich die Möglichkeit haben nachzugucken. Oder ich hätte vielleicht gerne die Möglichkeit, aber ich weiß auch nicht, ob ich sie jederzeit nutzen würde" (S. 2) oder FG2, P9: "Bei mir wäre das Optimale, dass, wenn ich danach suchen könnte, dass es dann zur Verfügung steht, wenn ich's brauche" (S. 3).

227 Vgl. Abschnitt 5.1.

228 Positiv-Nennungen: Fünf von fünfzehn Teilnehmern, vgl. bspw. FG1, P6: "dass dann die Konsumenten, die sich auch mit Nachhaltigkeit beschäftigen und mit einem besseren Gefühl einkaufen, wenn ihnen etwas gefällt" (S. 5).

229 Vgl. bspw. FG1, P2: "Zum anderen gibt es dafür auch eine Zielgruppe, die bereit ist, dafür wahrscheinlich mehr Geld auszugeben" (S. 4);
Kang et al. (2013) vermuten, dass spezifisches Wissen über nachhaltige Produkte den Konsum direkt beeinflussen könnte: „(...) product familiarity and knowledge acquired by prior experience of products could positively affect consumers‘ behavioural intentions towards consumption of those products” (S. 444).

Nach dem Wunsch einer Einbindung in die interaktive Nachhaltigkeitskommunikation befragt, zeigte sich eine geteilte Meinung bei den Endkonsumenten: zu gleichen Teilen (je 5 aus 15) wünschten sie sich stärkeren Einbezug bzw. lehnten diesen völlig ab.[230] Die Kenntnis von Stakeholdern ist nach Meinung der Befragten bei Unternehmen allgemein vorhanden[231], allerdings hat die Kommunikation zu Endkonsumenten nur bei wenigen eine große Bedeutung.[232] Die zuvor aufgestellte Bedingung des Eco-Dialogue[233] als Voraussetzung einer nachhaltigen Kommunikation konnte hierdurch nicht bestätigt werden.

8.3.3 Glaubwürdigkeit

Als allgemeine Einflussfaktoren bei Glaubwürdigkeit in der Modebranche haben sich Aspekte wie z. B. Produktionsstandort und Art der Produktion, Kommunikationsintensität, Unternehmensalter und Unternehmensgröße herauskristallisiert. Eine Produktion im Ausland wird demnach von neun Teilnehmern als unglaubwürdig für nachhaltige Unternehmenstätigkeiten angesehen, während sechs Teilnehmer darin keinen Widerspruch sahen.[234] Zudem befanden einige Teilnehmer, dass eine Massenproduktion per se nicht glaubwürdig sein kann.[235]

Vergleicht man die Ergebnisse der Fokusgruppen mit den zuvor theoretisch hergeleiteten Merkmalen einer glaubwürdigen Nachhaltigkeitskommunikation[236], so ergeben sich nur begrenzt Überschneidungen, wie nachfolgende Abbildung zeigt.

---

[230] Vgl. bspw. FG2, P8: "mit mir muss jetzt kein Unternehmen unbedingt in Interaktion treten bezüglich Nachhaltigkeit" (S. 2) oder FG3, P11: "Ich wünsche mir auch nicht, dass jeder jetzt zu mir rennt und mir erzählt, wie nachhaltig er ist“ (S. 4) im Gegensatz zu bspw. FG1, P3: "Ja, ich würde gerne mehr eingebunden werden" (S. 5).

[231] Vgl. bspw. FG2, P10: "Ich glaube, dass die [Unternehmen] das sehr wohl wissen. Weil sie ja den billigsten raussuchen müssen“ (S. 2).

[232] Von großer Bedeutung wäre an dieser Stelle die Frage, ob Unternehmen ihre Kunden im Rahmen der Nachhaltigkeitskommunikation als Endkonsumenten oder aktive Bürger ansprechen sollten. Fletcher (2012) formuliert hierzu die Forderung: „In order for sustainability ideas and practices to transform the fashion sector fully, a deeper and broader communication and education movement has to develop to build ‚literacy‘ in the general population around ecology and natural systems and their interconnectedness with human systems“ (S. 157).

[233] Vgl. Abschnitt 5.1.

[234] Vgl. bspw. FG1, P2: "Glaubwürdig ist für mich, jetzt speziell auf die Modebranche bezogen, keine Modemarke, die außerhalb von Deutschland produziert" (S. 6) im Gegensatz zu bspw. FG3, P12: "Es kommt für mich nicht zwingend auf das wo an, sondern auf das wie" (S. 9).

[235] Positiv-Nennungen: Drei aus fünfzehn, vgl. bspw. FG1, P3: "Ich finde sowieso: sobald das eigentlich ein Massenprodukt ist, ist es eh nicht mehr glaubwürdig“ (S. 6).

[236] Vgl. Abschnitt 5.3.1.

THEORIE	EMPIR. FORSCHUNG	MERKMAL
✓	✓	Unabhängige Dritte
✓	✓	Offenheit
✓	✓	Langfristigkeit
✓	×	Integration in die Unternehmenskommunikation
✓	×	Konsistenz
×	✓	Selbstverständlichkeit
×	✓	Ganzheitlichkeit
×	✓	Konkretheit

Abb. 10: Vergleich der Merkmale einer glaubwürdigen Nachhaltigkeitskommunikation zwischen Theorie und empirischer Forschung dieser Arbeit

Die notwendige Objektivität von Nachhaltigkeitskommunikation wurde von allen Teilnehmern als wichtiges Merkmal genannt.[237] Während diese im theoretischen Modell begrifflich auf „Unabhängige Dritte" eingeschränkt war, gaben die Endkonsumenten auch den Einsatz von Gütesiegeln[238] oder Medien[239] als Nachweis an.[240] Wichtig war elf Teilnehmern insbesondere die nicht-selbstreferenzielle Beurteilung durch das Unternehmen.[241]

Das Merkmal der Offenheit konnte im Rahmen der Fokusgruppen bestätigt werden. Die Mehrheit der Teilnehmer nannte Transparenz bzw. Offenheit als

[237] Vgl. bspw. FG1, P6: "Ich finde noch ganz wichtig Objektivität. Also dass es vielleicht nicht nur vom Unternehmen selber kommt, sondern wirklich, wie wir schon erwähnt hatten, von einem unabhängigen Unternehmen, das das prüft" (S. 7).

[238] Gütesiegel wurden allerdings von sieben Teilnehmern als nicht glaubwürdig angesehen. Nach ihrer Meinung würden Gütesiegel nur den Zweck zur Erhöhung der Glaubwürdigkeit von Nachhaltigkeitskommunikation erfüllen, wenn sie leicht verständlich wären und nicht in zu hoher Anzahl verwendet werden würden. Weiterhin wichtig sind die Bewertung durch eine unabhängige Institution sowie der Einsatz hoher Standards bei der Vergabe.

[239] Bemerkenswert ist überdies, dass acht von fünfzehn Befragten Einfluss von allgemeinen Medien auf die Glaubwürdigkeitsbeurteilung eines Unternehmens als hoch einschätzt.

[240] Vgl. bspw. FG3, P13: "Ich würde einem Journalisten, der so etwas schreibt, mehr glauben, als einer Presseabteilung der jeweiligen Firma" (S. 11).

[241] Vgl. bspw. FG3, P8: " ich sehe es eher in einer unabhängigen Institution (...) ein Institut, das nichts davon hat, das nicht mit dem Produkt in Verbindung kommt" (S. 7).

wichtiges Merkmal.[242] Ebenso wurde Langfristigkeit als besonders wichtig für die Glaubwürdigkeit von Nachhaltigkeitskommunikation bestätigt.[243] Bemerkenswert ist, dass eben jene zwei Merkmale, die zur Ergänzung der Literaturrecherche auf Basis von allgemeinen Kriterien von Glaubwürdigkeit hinzugezogen wurden – Integration in die Unternehmenskommunikation und Konsistenz[244] – im Rahmen dieser Arbeit nicht empirisch bestätigt werden konnten.

Für die befragten Endkonsumenten war eine Selbstverständlichkeit des Unternehmens bzgl. seiner nachhaltigen Tätigkeiten ein weiteres Merkmal.[245] Es ging hierbei um die grundlegende Bereitschaft, nachhaltig zu handeln und dies bodenständig zu vertreten. Das Merkmal der Ganzheitlichkeit hingegen erinnert an den Begriff der Konsistenz, welcher nicht bestätigt werde konnte. Hinsichtlich Ganzheitlichkeit forderten die Teilnehmer eine unternehmensweite Umsetzung von nachhaltigen Aktivitäten, nicht nur eine Begrenzung auf einzelne Aspekte.[246] Als letztes der sechs empirisch belegten Merkmale konnte Konkretheit identifiziert werden. Während große Teile von Nachhaltigkeitskommunikation für Konsumenten undurchschaubar erscheinen, umfasst Konkretheit den unternehmerischen Willen, Nachhaltigkeit mithilfe von

---

242 Vgl. bspw. FG1, P2: "Aber wenn sie's wirklich komplett transparent machen, jeden einzelnen Produktionsschritt und dann sagen, ok da müssen wir stark nachbessern und da funktioniert's vielleicht einigermaßen und das halt transparent machen. Dann funktioniert das auch. Dann macht es das auch glaubwürdig“ (S. 12) oder FG3, P10: „"Die Transparenz in die Tatsache, dass es erstmal so gewesen ist. Das erhöht die Glaubwürdigkeit" (S. 7).

243 Vgl. bspw. FG2, P7: "Es braucht auf jeden Fall einen längeren Zeitraum, damit´s auch glaubwürdig ist“ (S. 4) oder FG3, P13: "Das ist also dieser Lifecycle-Gedanke. Ich weiß nicht, wie man das auf die Modebranche übertragen kann. (…) man geht mit einem langfristigen Gedanken hin. Alles andere ist grün anmalen“ (S. 6); hinsichtlich des Lebenszyklus von Bekleidung stellt Fletcher (2012) das Konzept des so genannten Future Wardrobe Metabolism vor und erläutert: „(…) a time when everyone knows the ‚metabolism‘ of their wardrobe and has the ability to adjust it. Rather than being mere receptacles periodically purged to create more space, wardrobes become places of ‚dynamic equilibrium‘; clothes are reworked, shared and reused without constantly requiring a flow of new goods and resources“ (S. 88f.).

244 Vgl. Abschnitt 5.3.2.

245 Vgl. FG1, P6: "Also schon kommuniziert, aber jetzt keine große Werbeaktion daraus macht, sondern es selbst eben es so darstellt, als wenn es für das Unternehmen jetzt selbstverständlich wäre, das jetzt so zu machen" (S. 8) oder FG3, P12: "Ja, das, was du gesagt hast, es muss etwas Leises sein. Etwas, das man nicht betonen muss. Weil wenn man etwas hervorhebt, dann ist es irgendwie immer "ich muss hier grade eine Fassade konstruieren" (S. 12).

246 Vgl. bspw. FG1, P5: "Ich find's auch wichtig, (...) dass man dann das Gefühl hat, der ganze Laden entspricht diesem Nachhaltigkeitsprinzip, nicht, dass man nur eine Teilgeschichte bekommt" (S. 5) oder FG1, P3: "Deshalb muss es eigentlich so ein integriertes Konzept sein, das man in alle Linien legt" (S. 7).

konkreten, anschaulichen Beispielen und Begriffen zu kommunizieren, um der Gefahr des Greenwashings vorzugreifen.[247]

8.3.4 Implikationen für Unternehmen[248]

Unternehmen könnten nach Meinung von Endkonsumenten die Glaubwürdigkeit ihrer Nachhaltigkeitskommunikation vor allem dann erhöhen, wenn sie mit unabhängigen, objektiven Institutionen im Rahmen ihrer Kommunikation kooperieren würden.[249] Ein allgemeines, ggf. europaweites Siegel könnte eine weitere unternehmensexterne Maßnahme sein.[250]

Mit Hinblick auf die unternehmenseigenen Aktivitäten kann die Glaubwürdigkeit vor allem durch die Abgabe konkreter Versprechen mit eindeutigen Zielsetzungen[251] sowie durch Bereitstellung von Informationen für den Endkonsumenten erhöht werden[252]. Persönliche Stellungnahmen zu aktuellen Ereignissen, aktives Recycling durch Einbindung des Konsumenten[253] und ein Nachhaltigkeitsbericht können zudem unterstützend wirken.

Was das Produkt selbst betrifft, so fordern Endkonsumenten vor allem Informationen zu Nachhaltigkeitsaktivitäten, die direkt am Kleidungsstück sind, so

---

[247] Vgl. bspw. FG3, P15: "(...) so ein Bild, was man hat, was man sich gut vorstellen kann und vielleicht besser einschätzen kann“ (S. 9) oder FG2, P7:"Sachen, die greifbar sind" (S. 6).

[248] Überblick inklusive Anzahl der Nennungen ist nicht Teil des Arbeitspapieres. Bei Bedarf wenden Sie sich bitte an die Autorinnen.

[249] Vgl. bspw. FG3, P12: "Ah, hier kommt die Neutralität. In der beschriebenen Unabhängigkeit liegt großes Potential. Institutionen wie Universitäten, der TÜV oder z. B. Verbraucherzentralen können für mich einen großen Faktor in Richtung Glaubwürdigkeit für ein Unternehmen ausmachen“ (S. 11); dies entspricht dem Ergebnis einer Studie von Edelman et al. (2011), demzufolge 53% der Befragten der Aussage „Informationen zum Thema Nachhaltigkeit kann man meist nicht vertrauen, da sie von Herstellern stammen“ zustimmten.

[250] Dieses Ergebnis deckt sich mit einer Erhebung von Edelman et al. (2011), nach der 82% der Befragten der Aussage „Einheitliche Kennzeichnung nachhaltiger Produkte wäre eine erhebliche Erleichterung“ zustimmten.

[251] Vgl. bspw. FG3, P15: "Es könnte etwas sein, das in die Richtung geht: in dem und dem Bereich sind wir auf dem Standard, unser Ziel wäre aber da und dahin zu gehen. Und im Materialbereich sind wir hier und da auf jenem Standard, Ziel wäre... Oder da haben wir das Ziel schon mehr erreicht" (S. 13).

[252] Zudem könnten diese Informationen gemäß Kang et al. (2013) dazu führen, dass „product familiarity and knowledge acquired by prior experience of products (...) positively affect consumers‘ behavioural intentions towards consumption of those products“ (S. 444).

[253] Langfristig gesehen ist Recycling gemäß Fletcher (2008) zwar eine unterstützende, aber keine grundsätzliche Strategie zur Steigerung von Nachhaltigkeit durch die Modebranche: „As while reducing what you buy or choosing secondhand, recycled or organic is extremely positive and tackles the impacts related to the scale of conspicuous fashion consumption, it does little to influence its root causes“ (S. 118).

z. B. am eingenähten Etikett oder am Preisschild.[254] Die Verbindung zur Webpräsenz mithilfe der Angabe eines Weblinks oder der Einsatz von QR-Codes zur Informationsbereitstellung sind weitere Mittel zur Erlangung von Glaubwürdigkeit bei der Nachhaltigkeitskommunikation.[255] Vorgeschlagen wurde darüber hinaus ein Ladenkonzept, welches nach Produktionsregionen geordnet ist sowie die Bereitstellung von Altkleiderkisten für Recycling alter Bekleidung für den Endkonsumenten.

In Bezug auf Inhalte einer glaubwürdigen Nachhaltigkeitskommunikation wünschten sich Endkonsumenten vor allem Informationen zur Lieferkette oder zu den Arbeitsbedingungen des Modeunternehmens. Des Weiteren standen Informationen zu sozialem Engagement oder zur Materialherkunft im Fokus.

---

[254] Vgl. bspw. FG3, P11: "Oder dass ich da auch bei dem Etikett, was an meinem Kleidungsstück dran ist, was ich kaufen will, das da einfach vielleicht schon mal so ein paar Grunddaten oder Informationen einfach schon mal sind. Ich meine, ein bißchen Platz ist ja da auf diesen Dingern" (S. 4);
ein ähnliches Ergebnis konnte in einer von Deloitte (2011) durchgeführten Befragung festgestellt werden: demnach befanden 76% der Teilnehmer, dass ihnen in Bezug auf nachhaltige Entwicklung Informationen auf der Verpackung wichtig seien.

[255] Vgl. bspw. FG1, P3: "Aber wenn vielleicht noch irgendein Verweis drauf wäre, ein QR-Code oder was, wo man das dann prüfen könnte, dann wäre es für mich schon mal glaubwürdiger" (S. 13);
dies geht einher mit den Ergebnissen einer Studie von Atkinson (2013), derzufolge „consumers turn to QR codes when they believe corporations and manufacturers cannot be counted on to be truthful about packaging claims and adhering to regulations" (S. 391).

9. Schlussbemerkung

9.1 Zusammenfassung

Im Rahmen dieser Arbeit konnten insgesamt sechs spezifische Kriterien einer nachhaltigen Glaubwürdigkeitskommunikation am Beispiel der Modebranche ermittelt werden. Darüber hinaus gibt es Ansätze für eine Beeinflussung der Glaubwürdigkeit, die nicht direkt vom Konstrukt selbst ausgehen, sondern eher äußere Einflüsse miteinbeziehen. Ausgehend von den befragten Endkonsumenten liegt der Schluss nahe, dass diese aktuell nicht interaktiv in die Kommunikation eingebunden werden wollen, von Unternehmensseite allerdings einen einfachen Zugang zu ausführlichen Informationen fordern. Die Forderungen von McDonagh für eine Nachhaltige Kommunikation wurden somit stark reduziert.[256] Ausgehend von dieser Zusammenfassung seien die Interdependenzen im überabeiteten Kommunikationsmodell wie folgt dargestellt.

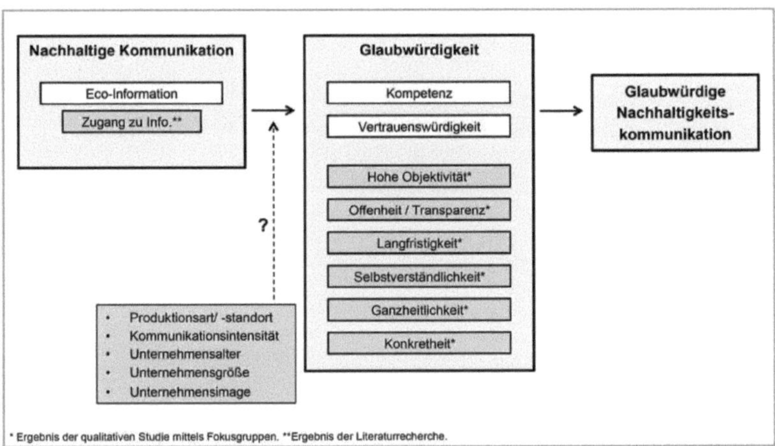

Abb. 11: Prozess der glaubwürdigen Nachhaltigkeitskommunikation

9.2 Limitationen

Bei der vorliegenden Arbeit gibt es eine Reihe von Limitationen. Zunächst kann die Literaturrecherche trotz präziser Suche aufgrund der hohen Komplexität des Themas dem Anspruch auf Vollständigkeit nicht gerecht werden. Darüber hinaus ist die ausgewählte Stichprobe sehr homogen bzgl. ihres Bil-

[256] Vgl. Abschnitt 3.3.

dungsstandes, welches die Untersuchung verzerrt haben könnte. Zudem bezog sich die qualitative Untersuchung auf nur eine Gruppe von Stakeholdern in einer spezifischen Branche. Es ist durchaus möglich, dass die Ergebnisse bei einer anderen Branche und mit anderen Anspruchsgruppen anders hätten ausfallen können. Zudem wurde keine Triangulation mit anderen Methoden durchgeführt, eine quantitative Überprüfung der Ergebnisse blieb aus.

9.3 Forschungsausblick

Zunächst scheint es nur logisch, die bisherigen Ergebnisse in einem nächsten Schritt quantitativ zu validieren. Auch wenn die Studie erste „Insights" generieren konnte, so sollte auch die externe Validität überprüft werden, bspw. mit weiteren Stakeholder-Gruppen wie z. B. Investoren oder Produzenten oder mit weiteren Branchen. Des Weiteren ist es sinnvoll, die konkrete Umsetzung der Glaubwürdigkeitsmerkmale zu untersuchen, so z. B. der Einsatz von Gütesiegeln zur Erhöhung der Objektivität oder die Offenlegung der Unternehmenspartner zur Erhöhung der Transparenz.[257]

Zudem wurden Forschungslücken bzgl. Endkonsumenten aufgedeckt. Hier stellt sich die Frage, welche Inhalte von Nachhaltigkeitskommunikation die höchste Persuasionswirkung haben und inwieweit Konsumenten durch Marketing beeinflusst werden könnten, um ihr Konsumverhalten in Richtung Nachhaltigkeit zu verändern[258] bzw. welchen Nutzen dies mit sich bringen würde.

9.4 Fazit

In Anbetracht der gesellschaftlichen Entwicklung, welche durch steigende Komplexität von Informationen sowie größere Transparenz von Unternehmen geprägt ist, kommt der glaubwürdigen Kommunikation eines Unternehmens an Endkonsumenten große Bedeutung zu. Da Nachhaltigkeitskommunikation als Bestandteil der Marketingaktivitäten eines Unternehmens anzusehen ist, wird deren Glaubwürdigkeit einen hohen Stellenwert in der Beeinflussung der Konsumenten erlangen. Die vorliegende Arbeit leistet einen wesentlichen Beitrag zum Verständnis dieses Phänomens, indem sie im Speziellen das Konstrukt Glaubwürdigkeit konzeptionell herleitet und mit dem Thema Nachhaltigkeitskommunikation verknüpft. Auf Basis der abgeleiteten Definitionen

---

[257] Vgl. hierzu auch Cronin et al. (2011), S. 168.
[258] Vgl. hierzu auch Cronin et al. (2011), S. 169.

sowie unter Einbezug eines theoretischen Modells konnte im zweiten Schritt eine qualitative Untersuchung zur empirischen Validierung strukturiert und durchgeführt werden. Abschließend lässt sich sagen, dass die grundlegende Bedingung für Nachhaltigkeitskommunikation ein leichter Zugang zu Informationen für den Endkonsumenten ist. Insgesamt konnten sechs spezifische Merkmale einer glaubwürdigen Nachhaltigkeitskommunikation empirisch validiert werden.

Anhang

A. Übersicht der Ordnerstruktur auf der beigelegten DVD, Anhang (digital)

Nicht Teil der Veröffentlichung

B. Das Dominante Soziale Paradigma als Ausgangspunkt gesellschaftlichen Wandels

Grundsätzlich stellt McDonagh die These auf, dass die von Kilbourne et al. (1997) geforderte gesellschaftliche Entwicklung von „hyperconsumption to sustainable consumption“ (S. 17) durch den Prozess der Nachhaltigen Kommunikation erleichtert werden kann.[259] Diese geforderte Entwicklung hin zu einem nachhaltigen Konsum ist überdies Grundlage für das Konzept der Nachhaltigkeit.[260] Es besteht die Annahme, dass die Einstellung und Lebensweise einer Gesellschaft durch das vorherrschende Paradigma[261] bestimmt wird, welches als DSP bezeichnet wird.[262] Ein Wandel – wie z. B. der oben angesprochene Wandel zu nachhaltigem Konsum – kann somit nur aufgrund einer Änderung dieses Paradigmas erfolgen. Eine solch fundamentale Änderung des DSP - als Paradigm Shift[263] bezeichnet - ist ein radikaler Wandel und erfolgt in unregelmäßigen Abständen. Er differenziert sich somit eindeutig von einem graduellen Wandel der Gesellschaft.[264] Auf dieser Basis argumentiert McDonagh, dass Nachhaltige Kommunikation nur im Zuge eines Paradigm Shifts erfolgen kann. Innerhalb dieses Wandels müssen sich u.a. auch die Konsumgewohnheiten ändern.[265] Der soziale Kommunikationsprozess der Nachhaltigen Kommunikation darf demnach nicht als Mittel für

---

[259] Vgl. McDonagh (1998), S. 600.

[260] Vgl. Tanner et al. (2003), S. 884.

[261] Gemäß Kilbourne (2004) wird Paradigma wie folgt definiert: „Paradigms then contain the symbolic generalizations readily accepted by the members of a community, models of the relationship between objects of interest, and evaluative criteria by which effectiveness is judged, i.e. their ability to produce the 'good'" (S. 194).

[262] Nach Milbrath (1989) wird das DSP wie folgt bestimmt und definiert: „A belief paradigm that is dominant in a given society could be called its dominant social paradigm (DSP). A DSP may be defined as a society's dominant belief structure that organizes the way people perceive and interpret the functioning of the world around them" (S. 116).

[263] Gemäß Milbrath (1989) wird der so genannte Paradigm Shift wie folgt definiert: „From time to time, dominant paradigms are challenged so fundamentally that they give way to new paradigms; this process is called paradigm shift. A defining characteristic of paradigms is that changes of paradigms occur in discontinuous revolutionary breaks, which distinguishes paradigm shifts from more gradual kinds of social change" (S. 116).

[264] Vgl. Milbrath (1989), S. 166.

[265] Vgl. Urien et al. (2011), S. 83.

Greenwashing[266] verwendet werden, sondern muss eine radikale Änderung der heutigen Kommunikationsweisen mit sich bringen.
Noch bis 2004 konnte ein radikaler Wandel im DSP nicht verzeichnet werden.[267] Doch vor drei Jahren, in 2010, wurde ein aufkommender Wandel festgestellt.[268] Ausgehend von dieser tiefgreifenden Änderung der Einstellungsstruktur hin zu einer nachhaltigeren Lebensweise in der westlichen Welt ist die Theorie der Nachhaltigen Kommunikation von größerer Aktualität denn je.

C. Literaturrecherche

Im Rahmen einer Literaturrecherche[269] wurden Kriterien einer glaubwürdigen Nachhaltigkeitskommunikation analysiert. Die Recherche beinhaltete Suchbegriffe wie ‚Nachhaltigkeitskommunikation', ‚Nachhaltige Kommunikation', ‚Glaubwürdige Kommunikation' als Ausganspunkt und wurde auf Deutsch und Englisch durchgeführt. Auf Basis der Suchergebnisse wurden mittels des Schneeballsystems weitere relevante Quellen hinzugezogen. Trotz präziser Suche kann die Literaturrecherche aufgrund der hohen Komplexität des Themas dem Anspruch auf Vollständigkeit nicht gerecht werden.
Die sehr auf ökologische Aspekte fokussierten, meist einseitig betrachteten öko-relevanten Themen konnten im Kontext wie auch im Sprachgebrauch durch den Nachhaltigkeitsbegriff abgelöst werden[270] und erlauben dadurch eine mehrdimensionale Betrachtung relevanter Aspekte.[271] Allerdings wurden Quellen, die sich rein auf die so genannte ‚Öko-Kommunikation' beziehen, dann mit in die Recherche zu Nachhaltigkeitskommunikation einbezogen, sofern sie der Definition von Nachhaltigkeit nicht widersprachen.
Im Fokus der Literaturrecherche standen vor allem diejenigen Aspekte, welche die gesamte Unternehmenskommunikation behandelten. Deswegen

---

[266] Gemäß der Studie "The Six Sins of Greenwashing" von TerraChoice (2007) wird Greenwashing wie folgt definiert: „the act of misleading consumers regarding the environmental practices of a company or the environmental benefits of a product or service" (S. 3).
[267] Vgl. Kilbourne (2004), S. 205.
[268] Vgl. Prothero et al. (2010), S. 147.
[269] Hierfür wurden die Universitätsbibliothek der Ludwig-Maximilians-Universität, die bayerische Staatsbibliothek sowie die Online-Datenbanken EBSCO Host Business Source Complete und ScopeUs durchsucht.
[270] Schönborn et al. (2001) formulieren hierzu: „Einigkeit besteht darüber, dass Nachhaltigkeitskommunikation im Gegensatz zur Umweltkommunikation nicht mehr ausschließlich eine ökologische Frage ist" (S. 11). Vgl. hierzu auch den integrativen Ansatz des Nachhaltigkeitsbegriffs des Deutschen Bundestages (1998), S. 32.
[271] Vgl. Burschel et al. (2004), S. 575.

wurden Standards, die sich ausschließlich auf den Nachhaltigkeitsbericht beziehen, wie z. B. die Richtlinien Global Reporting Initiative[272], nicht weiter betrachtet. Kriterien, die sich ausschließlich auf formale Aspekte, wie z. B. strukturale Anforderungen[273] oder allgemeine Grundsätze der Berichterstattung[274] bezogen, wurden im Rahmen dieser Arbeit ebenfalls nicht weiter verfolgt.

Um die Ergebnisse der Recherche bzgl. einer glaubwürdigen Nachhaltigkeitskommunikation noch weiter anzureichern, wurden in einem zweiten Schritt Quellen miteinbezogen, die sich nur auf Merkmale einer glaubwürdigen Kommunikation, nicht aber einer glaubwürdigen Nachhaltigkeitskommunikation bezogen. Es wurde schließlich versucht, die Ergebnisse mittels einer Art Kategorien zu ordnen und verschiedenen Kriterien einer glaubwürdigen Nachhaltigkeitskommunikation zuzuordnen.

Es ergaben sich somit insgesamt sieben Gruppen von Ergebnissen. Zu beachten bleibt allerdings, dass die Ergebnisse aufgrund mangelnder, fachspezifischer Literatur nicht als fundierte theoretische Grundlage dienen können, sondern lediglich einen Ausgangspunkt für die explorative Forschung mittels Fokusgruppen bilden.[275]

---

[272] Vgl. Global Reporting Initiative (2000).

[273] Vgl. bspw. Burschel et al. (2004), S. 562f.

[274] Vgl. bspw. Clausen et al. (2001), S. 8f.

[275] Eine Zusammenfassung der Ergebnisse ist als umfassender Überblick in Form einer Tabelle dargestellt; die ausführliche Übersicht inklusive aller Textstellen sowie Angaben zu Autor, Titel und Seitenzahl ist nicht Teil des Arbeitspapieres. Bei Bedarf wenden Sie sich bitte an die Autorinnen.

D. Qualitative Forschung (allgemein)

Qualitative Forschung hat seit den 70er Jahren, vor allem aber in den letzten Jahren an Bedeutung gewonnen und wird u. a. zu Explorationszwecken verwendet. Qualitative und quantitative Forschung werden oftmals als Gegensatzpaar betrachtet, da sie sich grundlegend bzgl. Datenmaterial, Forschungsmethoden, Gegenstand und Wissenschaftsverständnis unterscheiden.[276] Bortz et al. (2005) erläutern hierzu: „Während in der qualitativen Forschung Erfahrungsrealität zunächst verbalisiert wird (qualitative, verbale Daten), wird sie im quantitativen Ansatz numerisch beschrieben (...)" (S. 295). Im Gegensatz zu quantitativer Forschung ist es in aller Regel bei qualitativer Forschung nicht notwendig, den Untersuchungsvorgang zu standardisieren.[277] Generell sollten die zentralen Prinzipien der qualitativen Forschung eingehalten werden.[278] Die Güte der Forschung kann mithilfe der allgemeinen Gütekriterien qualitativer Forschung bewertet werden.[279]

Insgesamt können vier Arten von qualitativer Forschung unterschieden werden[280]: Befragungsverfahren, Beobachtungsverfahren, Analyseverfahren erhobener Daten sowie komplexe Methoden. Hierbei kann die Gruppendiskussion, welche sich insbesondere zu Explorationszwecken eignet[281], den Befragungsverfahren zugeordnet werden.[282]

---

[276] Vgl. Bortz et al. (2005), S. 295.

[277] Vgl. Bortz et al. (2005), S. 296.

[278] Diese sind Offenheit, Forschung als Kommunikation, Prozesscharakter von Forschung und Gegenstand, Reflexivität von Gegenstand und Analyse, Explikation und Flexibilität. Für eine ausführliche Erläuterung vgl. Lamnek (2005b), S. 19ff.

[279] Nach Mayring (1996) gibt es sechs allgemeine Gütekriterien qualitativer Forschung: Verfahrensdokumentation, Argumentative Interpretationsabsicherung, Regelgeleitetheit, Nähe zum Gegenstand, Kommunikative Validierung und Triangulation (S. 119ff.).

[280] Für eine ausführliche Besprechung der einzelnen Verfahren vgl. Flick et al. (1991), S. 175ff.

[281] Vgl. Lamnek (2005a), S. 71f.

[282] Vgl. Dreher et al. (1991), S. 186.

E. Fokusgruppen

Fokusgruppen werden Lamnek (2005b) zufolge „als Gespräch einer Gruppe von Untersuchungspersonen zu einem bestimmten Thema unter Laborbedingungen“ bezeichnet (S. 376).[283] Sie sind für vielfältige Zwecke einsetzbar und besonders geeignet, wenn es um kollektive Einstellungen oder öffentliche Meinungen geht.[284] So erfasst die Gruppendiskussion „alltägliche Sinnstrukturen, die in sozialen Situationen entstehen, sich verändern und das Denken, Fühlen und Handeln beeinflussen“ (Mayring, 1996, S. 60).

Im Speziellen, wenn solche Probleme Gegenstand empirischer Studien sind, die noch nicht oft untersucht wurden und über die keine differenzierten Erkenntnisse vorliegen, reicht eine Literaturanalyse allein in der Regel nicht aus, um den Objektbereich präzise zu erfassen.[285] Gemäß Lamnek (2005a) lohnt sich eine umfangreiche Exploration „vor allem dann, wenn nur wenige oder vage Erkenntnisse über ein Problem vorliegen (...) und genau diese Voraussetzung kann eine qualitative Exploration durch Gruppendiskussion schaffen“ (S. 71). Bei einer ermittelnden Gruppendiskussion, wie sie im Rahmen dieser Arbeit durchgeführt wurde, steht die Erlangung von Informationen über inhaltliche Ergebnisse im Fokus.[286] Das, was die Teilnehmer während der Gruppendiskussion sagen, sind die essentiellen Daten dieser qualitativen Erhebung.[287]

F. Methodisches Vorgehen bei Fokusgruppen

Die Gestaltung von Fokusgruppen beinhaltet eine Reihe von Variationsmöglichkeiten, so z. B. hinsichtlich der Zusammenstellung von Gruppen, der Rolle des Diskussionsleiters oder dem (un-)strukturierten Diskussionsverlauf.[288] Hinsichtlich der optimalen Größe gibt es fortwährend Diskussionsbedarf, in aller Regel wird sie aber zwischen fünf und zwölf Personen anberaumt.[289] Eine kleine Gruppe ist immer dann zielführend, wenn der Forscher spezifisch

283 Für eine ausführliche Begriffsdiskussion des Begriffes ‚Gruppendiskussion‘ vgl. Lamnek (2005a), S. 26ff.
284 Vgl. Mayring (1996), S. 60.
285 Vgl. Lamnek (2005a), S. 71.
286 Vgl. Lamnek (2005b), S. 379.
287 Vgl. Morgan (1998), S. 1.
288 Vgl. Lamnek (2005b), S. 394.
289 Vgl. Lamnek (2005b), S. 396.

an der Einzelmeinung und –reaktion eines jeden Teilnehmers zu einem bestimmten Thema interessiert ist.[290]

Bei Fokusgruppen erfolgt die Auswahl der Teilnehmer gemäß Lamnek (2005b) „in der Regel nach Theoretical Sampling, das heißt, es handelt sich um eine gezielte Auswahl" (S. 399). Eine Schwierigkeit besteht hier in der Bestimmung und Begründung der Auswahlkriterien auf theoretischer Basis, für die vorab Informationen über relevante Merkmale benötigt werden.[291]

Normalerweise erfolgt eine Fokusgruppe unter nondirektiver Gesprächsführung, bei welcher der Moderator sehr interessiert an den Beiträgen der Teilnehmer ist, die Gesprächspartner ausreden lässt und nur den groben Rahmen der Diskussion vorgibt.[292]

Die Vorteile von Fokusgruppen umfassen u. a. eine relativ entspannte Atmosphäre, eine große Themenvielfalt sowie eine Zeit- und Kostenersparnis, da mehrere Teilnehmer zu mehreren Themen etwas sagen können.[293] Abweichungen vom Thema, eine mangelnde Repräsentativität sowie ggf. eine fehlende Standardisierung gehören zu den Nachteilen dieser Erhebungsmethode.[294]

G. Qualitative Inhaltsanalyse

Als Bestandteil qualitativer Forschung werden Fokusgruppen üblicherweise mittels eines quantitativen Auswertungsverfahrens interpretiert. Im Gegensatz zu quantitativen Verfahren interpretieren qualitative Verfahren gemäß Bortz et al. (2005) „verbales bzw. nichtnumerisches Material und gehen dabei in intersubjektiv nachvollziehbaren Arbeitsschritten vor" (S. 331). Es wird also zwischen numerischer und theoretischer Generalisierung unterschieden, wobei die wenigsten Projekte qualitativer Forschung den Anspruch erheben, von den untersuchten Fällen auf eine Population zu schließen, da die Frage nach der theoretischen Generalisierbarkeit im Vordergrund steht.[295] Hierbei müssen gültige Interpretationen konsensfähig sein, also von Experten, For-

[290] Vgl. Morgan (1988), S. 43. Ergänzend hierzu erklärt er: „Combining both practical and substantive considerations, it appears that four is the smallest size for a focus group, and the upper boundary – although less clear-cut – appears to be around 12" (S. 44).

[291] Vgl. Lamnek (2005b), S. 399; für eine ausführliche Begründung der gezielten Auswahl dieser Arbeit vgl. Abschnitt 7.1.3.

[292] Vgl. Lamnek (2005b), S. 404.

[293] Vgl. Lamnek (2005b), S. 428.

[294] Vgl. Lamnek (2005b), S. 429.

[295] Vgl. Flick (2005), S. 260.

schern, Laien und / oder den Betroffenen selbst als treffende Deutungen anerkannt werden.[296]

Eine für Fokusgruppen übliche Auswertungsmethode ist die so genannte Qualitative Inhaltsanalyse, welche nach Mayring et al. (2007) wie folgt definiert wird: „Sie stellt eine Methode der Auswertung fixierter Kommunikation (z.B. Texte) dar, geht mittels eines Sets an Kategorien systematisch, regel- und theoriegeleitet vor und misst sich an Gütekriterien" (S. 673).[297] Aus den Kommunikationswissenschaften stammend, dient die Qualitative Inhaltsanalyse heutzutage der methodischen Auswertung in verschiedenen Wissenschaftsbereichen und beinhaltet das Ziel der systematischen Bearbeitung von Kommunikationsmaterial, was in mindestens einer Form festgehalten oder protokolliert sein muss.[298] Schließlich sollten die acht Grundprinzipien der Qualitativen Inhaltsanalyse[299] im Auswertungsprozess stets eingehalten werden.

Für die Auswertung im Rahmen dieser Arbeit scheint die Zusammenfassung als eine der drei Grundformen des Interpretierens angemessen, da es nach Mayring (2010) Ziel dieser Analyse ist es, „das Material so zu reduzieren, dass die wesentlichen Inhalte erhalten bleiben, durch Abstraktion einen überschaubaren Corpus zu schaffen, der immer noch Abbild des Grundmaterials ist" (S. 65). Für explorative Forschungsdesigns, wie es die Fokusgruppen für diese Arbeit sind, eignen sich insbesondere die Techniken der induktiven Kategorienbildung.[300] Hierbei wird von empirischen Beobachtungen auf theoretische Konzepte geschlossen[301], die Kategorien werden also direkt aus dem Material abgeleitet[302].

In der Regel wird ein vollständiges Kategorienschema gebildet, was sich in der Praxis oft auf ein a priori aufgestelltes, grobes Raster bezieht.[303] Die Anforderungen an ein Kategoriensystem – Inhaltlicher Fit, Trennschärfe,

---

[296] Vgl. Bortz et al. (2005), S. 331.
[297] Für eine ausführliche Begriffsdiskussion vgl. Mayring (2010), S. 42ff.
[298] Vgl. Mayring (2005), S. 469. Für einen Überblick über das Prozessmodell induktiver Kategorienbildung, welches dieser Arbeit zugrunde gelegt wird, vgl. Mayring (2010), S. 84.
[299] Gemäß Mayring (2010) sind diese Prinzipien folgende: Einbettung des Materials in den Kommunikationszusammenhang; systematisches, regelgeleitetes Vorgehen; Kategorien im Zentrum der Analyse; Gegenstandsbezug statt Technik; Überprüfung der spezifischen Instrumente durch Pilotstudien; Theoriegeleitetheit der Analyse; Einbezug quantitativer Analyseschritte; Gütekriterien (S. 48ff.).
[300] Vgl. Mayring et al. (2007), S. 671.
[301] Vgl. Früh (2001), S. 72.
[302] Vgl. Mayring (2010), S. 83.
[303] Vgl. Bortz et al. (2005), S. 330.

Vollständigkeit, Eindeutigkeit – sind für eine valide Auswertung stets einzuhalten.[304]

H. Notizen zu Fokusgruppen

ALLGEMEINE NOTIZEN	
Kontaktform zu Teilnehmern	E-Mail / persönliche Ansprache
Termine der Fokusgruppen	04.06. / 06.06. / 10.06.2013 je von 18:00 - 20:00
Ort	Ludwig-Maximilians-Universität München Institut für Marketing Ludwigstr. 28 Rückgebäude 80539 München
Moderator	Nina Bürklin
Co-Moderator	Julia Schöneberg
Incentives	keine; dafür Verpflegung mit Getränken und Süßigkeiten

Abb. 12: Allgemeine Notizen zur Durchführung der Fokusgruppen

GESPRÄCHSNOTIZEN	
Fokusgruppe 1	Alle Teilnehmer erscheinen pünktlich; untereinander nicht bekannt; sehr ehrliche, teils fast hitzige Diskussion, Problem der sozialen Erwünschtheit tritt nicht auf;
Fokusgruppe 2	Der fünfte Teilnehmer sagt kurzfristig ab, somit nur vier Teilnehmer; sehr vertraute, fast ausgelassene Stimmung; Gruppe scheint sehr homogen zu sein; sehr offenes Gespräch;
Fokusgruppe 3	Fokusgruppe startet mit Verzögerung von 10 min.; Gruppe relativ heterogen, vor allem bzgl. Hintergrund; sehr offener Austausch, Problem der sozialen Erwünschtheit kann nicht festgestellt werden;

Abb. 13: Gesprächsnotizen der Fokusgruppen

I. Fallbeispiel: H&M „Conscious Collection"

Das Unternehmen H&M

Hennes & Mauritz (H&M) gehört zu den weltweit erfolgreichsten Unternehmen im Textileinzelhandel und ist mit einem Marktanteil von 4,71% (2012) europaweiter Marktführer.[305] Weltweit konnte H&M über die letzten sechs Jahre steigende Umsätze verzeichnen, während Deutschland mit knapp 3,5 Mrd. Euro der mit Abstand wichtigste Absatzmarkt für das Unternehmen ist.[306] Weltweit gibt es seit Jahren einen stetigen Anstieg der Ladenzahl von H&M, wobei Deutschland mit insgesamt 406 Filialen auch hier eine deutliche

---

304 Vgl. Ball et al. (1992), S. 23.
305 Vgl. Textilwirtschaft (2012), zitiert in Statista (2013a), S. 5.
306 Vgl. H&M (2013), zitiert in Statista (2013a), S. 11f.

Führungsposition innehält.[307] 2007 gab in einer Umfrage knapp die Hälfte der Befragten (47,9%) an, bei H&M einkaufen zu gehen.[308]
Mit einer derart dominanten Marktposition lieferte H&M mit der so genannten „Conscious Collection" im Frühjahr 2013 ein Beispiel für eine an Nachhaltigkeit orientierte Marketingstrategie. Die vieldiskutierte Kollektion wurde u. a. von der Kampagne für Saubere Kleidung gerügt[309] und in abgewandelter Form als Leitbild für die Kampagne „Schluss mit Ausreden – Existenzlohn für alle!" verwendet.[310] Die nachfolgenden Ausführungen beschreiben die Reaktionen und Meinungen der Fokusgruppenteilnehmer, denen die oben abgebildete Werbekampagne gezeigt wurde.

Ergebnisbesprechung

Acht von fünfzehn Teilnehmern beurteilten die Glaubwürdigkeit der Werbeanzeige als unglaubwürdig, während nur zwei Teilnehmer sie für glaubwürdig hielten. Gründe, die gegen eine Glaubwürdigkeit der Nachhaltigkeitskommunikation von H&M sprechen, sind allen voran der niedrige Preis.[311] Darüber hinaus führt das Wording („nachhaltige-re")[312] sowie die Unklarheit bezüglich der Unternehmensintention für diese Anzeige zu einer wahrgenommenen Unglaubwürdigkeit.[313] Auch die Unternehmenshistorie bzw. das –image[314] sind neben der Verwendung der „Conscious Collection" als reine Werbe-

---

[307] Vgl. H&M (2013), zitiert in Statista (2013a), S. 16f.
[308] Vgl. Spiegel-Verlag (2007), zitiert in Statista (2013a), S. 29.
[309] Vgl. Motzkau (2013).
[310] Vgl. Erklärung von Bern (2012).
[311] Vgl. bspw. FG1, P2: „Das kostet 19,95. Die Prozesskette möchte ich sehen. Da brauche ich doch nicht mal BWL studiert haben" (S. 10) oder FG1, P6: "Aber ich finde, die Glaubwürdigkeit wird durch diesen billigen Preis wieder zerstört" (S. 11); 2012 äußerte sich die Nachhaltigkeitsverantwortliche bei H&M, Helena Helmersson, wie folgt zum Thema Preissetzung: „Natürlich können wir hier in Bezug auf Nachhaltigkeit noch besser werden. Aber ein niedriger Preis bedeutet nicht automatisch, dass etwas weniger nachhaltig ist. Als Großunternehmen haben wir zum Beispiel die Möglichkeit, die Preise über hohe Stückzahlen niedrig zu halten" (Maier, 2012).
[312] Vgl. bspw. FG3, P12: "Und die Subline sagt ‚nachhaltige-re Mode'. Die sagt gar nicht ‚nachhaltige Mode'. Also die lehnen sich null aus dem Fenster. Null. Und es ist alles nur geschminkt" (S. 7) oder FG1, P6: "Und weil ich aber doch nicht wirklich nachhaltig bin, mache ich noch ein "-re" hintendran, aber im Prinzip ist bei mir noch immer schlimmste Verhältnisse in meiner Fabrik in Timbuktu oder so" (S. 9); Helmersson, Nachhaltigkeitsverantworliche bei H&M, sagte bereits 2012 in einem Interview: „Es gibt Möglichkeiten, Mode nachhaltiger zu machen" (Maier, 2012) und verwendet auch hier die Stegierunsform des Wortes ‚nachhaltig'.
[313] Vgl. bspw. FG3, P14: "Die Frage ist eben auch: was will denn dieses Conscious jetzt kommunizieren?" (S. 7).
[314] Vgl. bspw. FG1, P5: "Für mich wirkt es nicht glaubwürdig, weil ich mir einfach erklären kann aufgrund des Preises und aufgrund der Unternehmensgeschichte, dass es nicht so ist" (S. 11).

maßnahme[315] Gründe dafür, die Kommunikation von H&M unglaubwürdig erscheinen zu lassen. Sehr konträre Meinungen gab es bei der Einschätzung der visuellen Umsetzung der Kampagne, da je vier Teilnehmer die Werbemaßnahme als (un-)glaubwürdig beurteilten.

Aus Sicht der Endkonsumenten gibt es verschiedene Gründe für ein Unternehmen, eine solche Kommunikationsmaßnahme zu ergreifen. Allen voran soll ein solches auf Nachhaltigkeit bezogenes Kommunikationsmittel positive Gefühle beim Konsumenten erwecken[316] und zudem das Unternehmensimage verbessern[317]. Fünf Teilnehmer vermuteten eine rein reaktive Handlung auf aktuelle Trendentwicklungen als Intention von H&M.[318] Weitere mögliche Ziele des Unternehmens, die die Teilnehmer sich vorstellen konnten, waren Kundenbindung, Zielgruppenerweiterung und Gewinnmaximierung des Unternehmens.

[315] Vgl. bspw. FG2, P9: "Das ist halt eine kleine Marketingkampagne und nicht um Rechenschaft abzulegen, was sie wirklich getan haben" (S. 4).
[316] Vgl. bspw. FG1, P1: "Die, die sowieso hingehen, haben dann einfach noch ein besseres Gefühl“ (S. 12).
[317] Vgl. bspw. FG3, P15: "Es geht in die richtige Richtung, also für's Image einfach“ (S. 8); eine von KPMG et al. (2012) veröffentlichte Studie konnte ähnliche Gründe erkennen, so gaben 60% der befragten Unternehmen im Bereich Konsumgütermärkte „Stärkung der Marke“ als Grund für die Einführung von Nachhaltigkeitsgrundsätzen an (S. 28).
[318] Vgl. bspw. FG3, P14: "Ich denke, weil man damit auf einen Trend aufspringt. Weil Bio ist Trend. Nachhaltigkeit ist auch ein Trend" (S. 8).

Quellenverzeichnis

Applbaum, Ronald F., & Anatol, Karl W. E. (1972). The Factor Structure of Source Credibility as a Function of the Speaking Situation. *Speech Monographs, 39*(3), 216.

Atkinson, Lucy. (2013). Smart shoppers? Using QR codes and 'green' smartphone apps to mobilize sustainable consumption in the retail environment. *International Journal of Consumer Studies, 37*, 387-393.

Baker, William E., & Sinkula, James M. (2005). Environmental Marketing Strategy and Firm Performance: Effects on New Product Performance and Market Share. *Journal of the Academy of Marketing Science, 33*(4), 461-475.

Ball, Michael S., & Smith, Gregory W. H. (1992). *Analyzing Visual Data*. Newbury Park: Sage Publications.

Baudhuin, E. Scott, & Davis, Margaret Kis. (1972). Scales for the Measurement of Ethos: Another Attempt. *Speech Monographs, 39*(4), 296.

Belz, Frank-Martin, & Peattie, Ken. (2009). *Sustainability Marketing*. Glasgow: John Wiley & Sons.

Bennie, Fiona, Gazibara, Ivana, & Murray, Vicka. (2010). Fashion Futures 2025. London: Forum for the Future.

Bentele, Günter. (1988). Der Faktor Glaubwürdigkeit. Forschungsergebnisse und Fragen für die Sozialisationsperspektive. *Publizistik, 33*, 405-426.

Bentele, Günter. (1998). Vertrauen/Glaubwürdigkeit. In O. Jarren (Hrsg.), *Politische Kommunikation in der demokratischen Gesellschaft* (S. 305-311). Opladen: Westdeutscher Verlag.

Berlo, David K., Lemert, James B., & Mertz, Robert J. (1969). Dimensions for Evaluating the Acceptability of Messages Sources. *Public Opinion Quarterly, 33*(4), 563-576.

Biraj, Andrew. (2013, 02.05.2013). Kik soll in eingestürzter Fabrik produziert haben, *Zeit*. Abgerufen von http://www.zeit.de/gesellschaft/2013-05/kik-fabrik-einsturz-textilien.

Bittencourth, Irmela, Borner, Joachim, & Heiser, Albert. (2004). *Nachhaltigkeit in 50 Sekunden. Kommunikation für die Zukunft*. München: ökom Verlag.

BMU, & UBA. (2007). EMAS - Von der Umwelterklärung zum Nachhaltigkeitsbericht. Berlin.

BMU, & UBA. (2010). Umweltbewusstsein in Deutschland 2010. Berlin: Bundesministerium für Umwelt, Naturschutz und Reaktorsicherheit (BMU).

Borner, Joachim. (2012). Das Medium ist die Botschaft. Nachhaltigkeitskommunikation als Gestaltungsaufgabe. In L. Gräßer & F. Hagedorn (Hrsg.), *Medien nachhaltig nutzen. Beiträge zur Medienökologie und Medienbildung* (S. 71-84). Marl: kopaed verlagsgmbh.

Bortz, Jürgen, & Döring, Nicola. (2005). *Forschungsmethoden und Evaluation für Human- und Sozialwissenschaftler*. Heidelberg: Springer Medizin Verlag.

Braddock, Richard. (1958). An Extension of the "Lasswell Formula". *Journal of Communication, 8*(2), 88-93.

Bruhn, Manfred. (2005). *Unternehmens- und Marketingkommunikation*. München: Vahlen.

Bungarten, Theo. (1994). Die Sprache der Unternehmenskommunikation *Unternehmenskommunikation: Linguistische Analysen und*

Beschreibungen. Beiträge zur Wirtschaftskommunikation (S. 29-42). Tostedt: Theo Bungarten.

Burschel, Carlo, Losen, Dirk, & Wiendl, Andreas. (2004). *Betriebswirtschaftslehre der Nachhaltigen Unternehmung*. München Wien: R. Oldenbourg Verlag.

Carnau, Peter. (2011). *Nachhaltigkeitsethik. Normativer Gestaltungsansatz für eine global zukunftsfähige Entwicklung in Theorie und Praxis*. München: Rainer Hampp Verlag,.

Chabowski, Brian, Mena, Jeannette, & Gonzalez-Padron, Tracy. (2011). The structure of sustainability research in marketing, 1958-2008: a basis for future research opportunities. *Journal of the Academy of Marketing Science, 39*(1), 55-70.

Chamorro Mera, Antonio, Rubio Lacoba, Sergio, & Miranda González, Francisco Javier. (2005). La investigación académica en marketing ecológico: diferencias entre las publicaciones españolas y las internacionales. *Proceedings of XVII Encuentro de Profesores Universitarios de Marketing (EMARK), Madrid*, 883-892.

Clausen, Jens, Loew, Thomas, Klaffke, Kathrin, Raupach, Michaela, & Schoenheit, Ingo. (2001). Der Nachhaltigkeitsbericht - Ein Leitfaden zur Praxis glaubwürdiger Kommunikation für zukunftsfähige Unternehmen. Berlin.

Clausen, Jens, Loew, Thomas, Klaffke, Kathrin, Raupach, Michaela, Schoenheit, Ingo, & Freiberg, Dietlind. (2002). *Nachhaltigkeitsberichterstattung - Praxis glaubwürdiger Kommunikation für zukunftsfähige Unternehmen*. Berlin: Institut für ökologische Wirtschaftsforschung

Institut für Markt-Umwelt-Gesellschaft.

Collins, Christy M., Steg, Linda, & Koning, Martine A. S. (2007). Customers' values, beliefs on sustainable corporate performance, and buying behavior. *Psychology & Marketing, 24*(6), 555-577.

Connelly, Brian, Ketchen, David, & Slater, Stanley. (2011). Toward a 'theoretical toolbox' for sustainability research in marketing. *Journal of the Academy of Marketing Science, 39*(1), 86-100.

Cronin, Joseph J., Smith, Jeffery S., Gleim, Mark R., Ramirez, Edward, & Martinez, Jennifer. (2011). Green marketing strategies: an examination of stakeholders and the opportunities they present. *Journal of the Academy of Marketing Science, 39*(1), 158-174.

Day, George S. (1994). The capabilities of market-driven organizations. *Journal of Marketing, 58*(4), 37.

De Maeyer, Peter, & Estelami, Hooman. (2011). Consumer perceptions of third party product quality ratings. *Journal of Business Research, 64*(10), 1067-1073.

Deloitte. (2011). Christmas Survey 2011: Deloitte.

Deutscher Bundestag. (1994). *Die Industriegesellschaft gestalten. Perspektiven für einen nachhaltigen Umgang mit Stoff- und Materialströmen. Bericht der Enquete-Kommission "Schutz des Menschen und der Umwelt - Bewertungskriterien und Perspektiven für Umweltverträgliche Stoffkreisläufe in der Industreigesellschaft" des 12. Deutschen Bundestages*. Bonn: Deutscher Bundestag.

Deutscher Bundestag. (1998). *Konzept Nachhaltigkeit. Vom Leitbild zur Umsetzung. Abschlussbericht der Enquete-Kommission "Schutz des Menschen und der Umwelt - Ziele und Rahmenbedingungen einer nachhaltig zukunftsverträglichen Entwicklung" des 13. Deutschen Bundestages*. Bonn: Deutscher Bundestag.

Do Paco, Arminda, Alves, Helena, Shiel, Chris, & Fliho, Walter Leal. (2013). Development of a green consumer behavior model. *International Journal of Consumer Studies, 37*, 414-421.

Dreher, Michael, & Dreher, Eva. (1991). Gruppendiskussionsverfahren *Handbuch Qualtitative Sozialforschung*. München: Psychologie Verlags Union.

Drosdek, Andreas. (1996). *Credibility Management: durch Glaubwürdigkeit zum Wettbewerbsvorteil*. Frankfurt am Main: Campus Verlag.

Duden. (2013a). Botschaft. Abgerufen am 27.05., 2013, von http://www.duden.de/rechtschreibung/Botschaft.

Duden. (2013b). glaubhaft. Abgerufen am 29.04., 2013, von http://www.duden.de/node/644675/revisions/1083326/view.

Duden. (2013c). glaubwürdig. Abgerufen am 29.04., 2013, von http://www.duden.de/node/645410/revisions/1282665/view.

Duden. (2013d). Mode. Abgerufen am 23.05., 2013, von http://www.duden.de/rechtschreibung/Mode.

Edelman, & TheConsumerView. (2011). Nachhaltigkeit im Kaufentscheid - Zwischen Egoismus und Altruismus? : Edelman / TheConsumerView.

Eisend, Martin. (2003). *Glaubwürdigkeit in der Marketingkommunikation*. Berlin: Deutscher Universitäts-Verlag.

Eisend, Martin. (2006). Source Credibility Dimensions in Marketing Communication - A Generalized Solution. *Journal of Empirical Generalisations in Marketing, 10*(2).

Eisend, Martin. (2010). Explaining the joint effect of source credibility and negativity of information in two-sided messages. *Psychology & Marketing, 27*(11), 1032-1049.

Ekman, Paul. (1991). *Telling lies: clues to deceit in the marketplace, politics, and marriage*. New York: Norton.

Erklärung von Bern. (2012). Schluss mit Ausreden - Existenzlohn für alle! Abgerufen am 26.06., 2013, von http://www.evb.ch/p20333.html.

Falkenberg, Gabriel. (1982). *Lügen. Grundzüge einer Theorie sprachlicher Täuschung*. Tübingen: Max Niemeyer Verlag.

Fill, Chris. (2001). *Marketing-Kommunikation. Konzepte und Strategien* (Vol. 2. Auflage). München: Pearson Studium.

Fletcher, Kate. (2008). *Sustainable Fashon and Textiles. Design Journeys*. London: Earthscan.

Fletcher, Kate. (2012). *Fashion & Sustainability*: Laurence King Publishers.

Flick, Uwe. (2005). Design und Prozess qualitativer Forschung. In U. Flick, E. von Kardoff & I. Steinke (Hrsg.), *Qualitative Forschung. Ein Handbuch* (Vol. 4. Auflage, S. 252 - 265). Hamburg: Rowohlt Taschenbuch Verlag.

Flick, Uwe, Von Kardoff, Ernst, Keupp, Heiner, Von Rosenstiel, Lutz, & Wolff, Stephan. (1991). *Handbuch Qualitative Sozialforschung. Grundlagen, Konzepte, Methoden und Anwendungen*. München: Psychologie Verlags Union.

Freeman, R. Edward. (2010). *Strategic Management: A Stakeholder Approach*: Cambridge University Press.

Früh, Werner. (2001). *Inhaltsanalyse. Theorie und Praxis*. Konstanz.

Giffin, Kim. (1967). The Contribution of Studies of Source Credibility to a Theory of Interpersonal Trust in the Communication Process. *Psychological Bulletin, 68*(2), 104-120.

Glaser, Barney G., & Strauss, Anselm L. (1967). *The discovery of grounded theory: Strategies for qualitative research*: Aldine de Gruyter.

Glathe, Caroline. (2010). *Kommunikation von Nachhaltigkeit in Fernsehen und Web 2.0.*

Gleim, Mark R., Smith, Jeffery S., Andrews, Demetra, & Croning, Joseph J. (2013). Against the Green: A Multi-method Examination of the Barriers to Green Consumption. *Journal of Retailing, 89*(1), 44-61.

Global Reporting Initiative. (2000). Leitfaden zur Nachhaltigkeitsberichterstattung. Amsterdam.

Goldman, Robert. (1992). *Reading ads socially*. London: Routledge.

Goldsmith, Ronald E., Lafferty, Barbara A., & Newell, Stephen J. (2000). The Impact of Corporate Credibility and Celebrity Credibility on Consumer Reaction to Advertisements and Brands. *Journal of Advertising, 29*(3), 43-54.

Gössmann, Wilhelm. (1970). *Glaubwürdigkeit im Sprachgebrauch*. München: Max Huber Verlag.

Grimm, Jacob, & Grimm, Wilhelm. (Hrsg.). (1984) Deutsches Wörterbuch. München: Deutscher Taschenbuch Verlag.

Grober, Ulrich. (2013). *Die Entdeckung der Nachhaltigkeit. Kulturgeschichte eines Begriffs*. München: Verlag Antje Kunstmann.

Guenza, Fabio. (2012). Sustainable Business: Edward Freeeman Discusses Managing for Stakeholders *The Beautiful and the Good. A View From Italy on Sustainable Fashion*. Venedig: Marsilio Editori.

Harmon, Robert R., & Coney, Kenneth A. (1982). The Persuasive Effects of Source Credibility in Buy and Lease Situations. *Journal of Marketing Research (JMR), 19*(2), 255-260.

Hinterhuber, Hans H. (2004). *Strategische Unternehmensführung* (Vol. 7., grundlegend neu bearbeitete Auflage). Berlin: Walter de Gryter.

Holsti, Ole R. (1969). *Content analysis for the social sciences and humanities*. Reading: Addison-Wesley Publishing Co.

Hovland, Carl I., Janis, Irving, & Kelley, Harold H. (1954). *Communication and Persuasion. Psychological Studies of Opinion Change* (Vol. 2. Auflage). London: Geoffrey Cumberledge.

Hovland, Carl I., & Weiss, Walter. (1951). The Influence of Source Credibility on Communication Effectiveness. *Public Opinion Quarterly, 15*(4), 635-650.

Infante, Dominic A. (1980). The Construct Validity of Semantic Differential Scales for the Measurement of Source Credibility. *Communication Quarterly, 28*(2), 19-26.

Jäckel, Michael. (2012). *Medienwirkungen kompakt. Einführung in ein dynamisches Forschungsfeld.*

Jägel, Thomas, Keeling, Kathy, Reppel, Alexander, & Gruber, Thorsten. (2012). Individual values and motivational complexities in ethical clothing consumption: A means-end approach. *Journal of Marketing Management, 28*(3-4), 373 - 396.

Jeuthe, Kolja. (2003). *Nachhaltigkeit als Unternehmensstrategie? Von der Nachhaltigkeit der Produktion zur Kommunikation der Nachhaltigkeit.* (Unveröffentlichte Diplomarbeit), Universität Passau, Passau.

Kang, Jiyun, Liu, Chuanlan, & Kim, Sang-Hoon. (2013). Environmentally sustainable textile and apparel consumption: the role of consumer knowledge, perceived consumer effectiveness and perceived personal relevance. *International Journal of Consumer Studies, 37*, 442-452.

Kassinis, George, & Vafeas, Nikos. (2006). Stakeholder Pressures and Environmental Performance. *Academy of Management Journal, 49*(1), 145-159.

Keaveney, Susan M. (1995). Customer switching behavior in service industries: An exploratory study. *Journal of Marketing, 59*(2), 71.

Kennet, Pamela Ann. (1995). *The Impact of Service Guarantess on the Consumer's Evaluation Process.* (Unveröffentlichte Dissertation), Georgia State University.

Kilbourne, William E. (2004). Sustainable Communication and the Dominant Social Paradigm: Can They be Integrated? *Marketing Theory, 4*, 187-208.

Kilbourne, William E., McDonagh, Pierre, & Prothero, Andrea. (1997). Sustainable Consumption and the Quality of Life: A Macromarketing Challenge to the Dominant Social Paradigm. *Journal of Macromarketing, 17*(4), 4-24.

Klapper, Joseph T. (1960). *The Effects of Mass Communication.* New York: The Free Press.

Koeppler, Karlfritz. (2000). *Strategien erfolgreicher Kommunikation: Lehr- und Handbuch*. München Wien: R. Oldenbourg Verlag.

Köhnken, Günter. (1990). *Glaubwürdigkeit. Untersuchungen zu einem psychologischen Konstrukt*. München: Psychologie Verlags Union.

Kolbe, Richard H., & Burnett, Melissa S. (1991). Content-Analysis Research: An Examination of Applications with Directives for Improving Research Reliability and Objectivity. *Journal of Consumer Research, 18*(2), 243-250.

Kolosowa, Wlada. (2013, 18.01.2013). Die Entdeckung der Langsamkeit, *Spiegel*. Abgerufen von http://www.spiegel.de/panorama/fashion-week-in-berlin-nachhaltigkeit-in-der-mode-wird-wichtiger-a-878326.html.

Kotler, Philip. (2011). Reinventing Marketing to Manage the Environmental Imperative. *Journal of Marketing, 75*(4), 132-135.

Kotler, Philip, & Bliemel, Friedhelm. (2001). *Marketing Management: Analyse, Planung und Verwirklichung* (10., überarbeitete und aktualisierte Auflage). Stuttgart: Schäffer-Poeschel Verlag.

KPMG. (2012). Expect the Unexpected: Building business value in a changing world: KPMG International.

KPMG, & EHI Retail Institute. (2012). Trends im Handel 2020. Hamburg: KPMG AG.

Kroeber-Riel, Werner. (1991). Kommunikationspolitik. Forschungsgegenstand und Forschungsperspektive. *Marketing Zeitschrift für Forschung und Praxis, 13*(3), 164-171.

Kromrey, Helmut. (2000). *Empirische Sozialforschung. Modelle und Methoden der standardisierten Datenerhebung und Datenauswertung* (9., korrigierte Auflage). Opladen: Verlag Leske + Budrich.

Krotz, F. (1999). Anonymität als Chance und Glaubwürdigkeit als Problem. In P. Rössler & W. Wirth (Hrsg.), *Glaubwürdigkeit im Internet: Fragestellungen, Motive, empirische Befunde* (S. 125-140). München: Verlag Reinhard Fischer.

Küster-Rohde, Franziska. (2009). *Die Wirkung von Glaubwürdigkeit in der Marketingkommunikation. Eine Analyse der kurz- und langfristigen Effekte*. Wiesbaden: Gabler GWV Fachverlage GmbH.

Kwasniewski, Nicolai. (2013, 29.10.2012). Zurück zur Chemie, *Spiegel*. Abgerufen von http://www.spiegel.de/wirtschaft/service/greenpeace-studie-outdoor-klamotten-mit-chemie-belastet-a-863450.html.

Lamnek, Siegfried. (2005a). *Gruppendiskussion. Theorie und Praxis* (Vol. 2. Auflage). Weinheim und Basel: Beltz Verlag.

Lamnek, Siegfried. (2005b). *Qualitative Sozialforschung*. Weinheim (u.a.): Beltz.

Lasswell, Harold D. (1948). The Structure and Function of Communication in Society *The Communication of Ideas. A Series of Adresses* (S. 32-51). New York: Lyson Bryson.

Leonidou, Constantinos N., Katsikeas, Constantine S., & Morgan, Neil A. (2013). "Greening" the marketing mix: do firms do it and does it pay off? *Journal of the Academy of Marketing Science, 41*, 151-170.

Lexikon der Nachhaltigkeit. (2013, 25.03.2013). Geschichte. Abgerufen am 24.04.2013, 2013, von http://www.nachhaltigkeit.info/artikel/geschichte_748.htm.

Lübke, Volkmar. (2003). Das Internet als Informationsquelle für einen nachhaltigen Konsum? *Auf dem Weg zur nachhaltigen Informationsgesellschaft* (S. 159-169). Marburg: Angrick, Michael.

Luchs, Michael G., Naylor, Rebecca Walker, Irwin, Julie R., & Raghunathan, Rajagopal. (2010). The Sustainability Liability: Potential Negative Effects of Ethicality on Product Preference. *Journal of Marketing, 74*(5), 18-31.

Luo, Xueming, & Bhattacharya, C. B. (2006). Corporate Social Responsibility, Customer Satisfaction, and Market Value. *Journal of Marketing, 70*(4), 1-18.

Maier, Jutta. (2012, 12.04.2012). Nachhaltige Mode bei H&M, *Frankfurter Rundschau*. Abgerufen von http://www.fr-online.de/wirtschaft/nachhaltige-mode-bei-h-m--es-hilft--keinen-trockner-zu-benutzen-,1472780,14962320.html.

Maignan, Isabelle, & Ferrell, O. C. (2004). Corporate Social Responsibility and Marketing: An Integrative Framework. *Journal of the Academy of Marketing Science, 32*(1), 3-19.

Mast, Claudia. (2010). *Unternehmenskommunikation*. Stuttgart.

Mast, Claudia, & Fiedler, Katja. (2007). Nachhaltige Unternehmenskommunikation. In G. Michelsen & J. Godemann (Hrsg.), *Handbuch Nachhaltigkeitskommunikation. Grundlagen und Praxis* (Vol. 2. aktualisierte und überarbeitete Auflage 2007, S. 567-578). München: oekom Verlag.

Mayring, Philipp. (1996). *Einführung in die Qualitative Sozialforschung*, . Weinheim: Beltz.

Mayring, Philipp. (2005). Qualitative Inhaltsanalyse. In U. Flick, E. von Kardoff & I. Steinke (Hrsg.), *Qualitative Forschung. Ein Handbuch* (Vol. 4. Auflage, S. 468 - 475). Hamburg: Rowohlt Taschenbuch Verlag.

Mayring, Philipp. (2010). *Qualitative Inhaltsanalyse. Grundlagen und Techniken*. Weinheim (u.a.): Beltz.

Mayring, Philipp, & Brunner, Eva. (2007). Qualitative Inhaltsanalyse. In R. Buber & H. Holzmüller (Eds.), Qualitative Marktforschung. Konzepte - Methoden - Analysen. Wiesbaden: Springer.

McCroskey, James C. (1966). Scales for the Measurement of Ethos. *Speech Monographs, 33*(1), 65.

McCroskey, James C., & Young, Thomas J. (1981). Ethos and Credibility: The Construct and its Measurement after three Decades. *Central States Speech Journal, 32*(Spring 1981), 24-34.

McDonagh, Pierre. (1998). Towards a Theory of Sustainable Communication in Risk Society: Relating Issues of Sustainability to Marketing Communications. *Journal of Marketing Management, 14*(6), 591-622.

McGinnies, Elliott, & Ward, Charles D. (1980). Better Liked than Right: Trustworthiness and Expertise as Factors in Credibility. *Personality and Social Psychology Bulletin, 6*(3), 467-472.

Menon, Anil, & Menon, Ajay. (1999). Evolving Paradigm for Environmental Sensitivity in Marketing Programs: A Synthesis of Theory and. *Journal of Marketing Theory & Practice, 7*(2), 1.

Meyer, Anton, & Davidson, Hugh. (2001). *Offensives Marketing: gewinnen mit POISE: Märkte gestalten, Potenziale nutzen*. Freiburg i. Br.: Haufe Mediengruppe.

Meyer, Anton, & Davidson, Hugh. (2013, in Vorbereitung). *Offensives Marketing: Gewinnen mit POISE: Märkte gestalten - Potenziale nutzen*. Freiburg i. Br.

Milbrath, Lester W. (1989). *Envisioning a sustainable society: Learning our way out*: Suny Press.

Mintel. (2009). Ethical clothing - UK 2009. London: Mintel.

Möllering, Guido, & Sydow, Jörg. (2005). Kollektiv, kooperativ, reflexiv: Vertrauen und Glaubwürdigkeit in Unternehmungen und Unternehmensnetzwerken. In B. Dernbach & M. Meyer (Hrsg.), *Vertrauen und Glaubwürdigkeit* (S. 64-93). Wiesbaden: VS Verlag für Sozialwissenschaften.

Morgan, David L. (1988). *Focus Groups As Qualitative Research*. Newbury Park (u.a.): Sage Publications.

Morgan, David L. (1998). *The Focus Group Guidebook*. Thousand Oaks: Sage Publications.

Motzkau, Martin. (2013, 02.06.2013). Sauber kaufen, *Spiegel Online*. Abgerufen von http://www.spiegel.de/wirtschaft/soziales/nachhaltig-kleidung-einkaufen-ist-schwer-a-900618.html.

Nawratil, Ute. (1997). *Glaubwürdigkeit in der sozialen Kommunikation*. Opladen/Wiesbaden: Westdeutscher Verlag GmbH.

Nawratil, Ute. (1999). Glaubwürdigkeit als Faktor im Prozeß medialer Kommunikation. In P. Rössler & W. Wirth (Hrsg.), *Glaubwürdigkeit im Internet: Fragestellungen, Motive, empirische Befunde* (S. 15-31). München: Verlag Reinhard Fischer.

Noelle-Neumann, Elisabeth, Schulz, Winfried, & Wilke, Jürgen. (2009). Fischer Lexikon Publizistik Massenkommunikation. Frankfurt am Main: S. Fischer Verlag.

Ohanian, Roobina. (1990). Construction and Validation of a Scale to Measure Celebrity Endorsers' Perceived Expertise, Trustworthiness, and Attractiveness. *Journal of Advertising, 19*(3), 39-52.

Olson, Erik. L. (2013). It's not easy being green: the effects of attribute tradeoffs on green product preference and choice. *Journal of the Academy of Marketing Science, 41*, 171-184.

Oxford Dictionaries. (2013). credibility. Abgerufen am 02.05., 2013, von http://oxforddictionaries.com/definition/english/credibility?q=credibility.

Perreault, William D., & Leigh, Laurence E. (1989). Reliability of Nominal Data Based on Qualitative Judgments. *Journal of Marketing Research, 26*(2), 135-148.

Petermann, Franz. (1996). *Psychologie des Vertrauens* (Vol. 3., korrigierte Auflage). Göttingen: Hofrege-Verlag.

PONSeu Online-Wörterbuch. (2013). glauben. Abgerufen am 29.04., 2013, von http://de.pons.eu/dict/search/results/?q=glauben&l=dela&in=&lf=de.

Prothero, Andrea, McDonagh, Pierre, & Dobscha, Susan. (2010). Is Green the New Black? Reflections on a Green Commodity Discourse. *Journal of Macromarketing, 30*(147).

Pujari, Devashish. (2006). Eco-innovation and new product development: understanding the influences on market performance. *Technovation, 26*(1), 76-85.

Röckelein, Wolfgang. (1999). *Marktkommunikation im Internet*. Regensburg: Deutscher Universitäts Verlag.

Rössler, Patrick. (2010). *Inhaltsanalyse*. Konstanz: UTB.

Rotter, Julian B. (1967). A new scale for the measurement of interpersonal trust. *Journal of Personality, 35*(4), 651-665.

Schaltegger, Stefan. (2004). Nachhaltigkeitsaspekte der Markenführung *Handbuch Markenführung* (S. 2677-2704). Wiesbaden.

Schlenker, Barry R., Helm, Bob, & Tedeschi, James T. (1973). The effects of personality and situational variables on behavioral trust. *Journal of Personality and Social Psychology, 25*(3), 419-427.

Schönborn, Gregor, & Steinert, Andreas. (2001). *Sustainability Agenda. Nachhaltigkeitskommunikation für Unternehmen und Institutionen*: Luchterhand (Hermann).

Sheth, Jagdish, Sethia, Nirmal, & Srinivas, Shanthi. (2011). Mindful consumption: a customer-centric approach to sustainability. *Journal of the Academy of Marketing Science, 39*(1), 21-39.

Six, Bernd, & Schäfer, Bernd. (1985). *Einstellungsänderung*. Stuttgart: Kohlhammer.

Smith, N. Craig, Drumwright, Minette E., & Gentile, Mary C. (2010). The New Marketing Myopia. *Journal of Public Policy & Marketing, 29*(1), 4-11.

Statista. (2013a). H&M - Statista-Dossier 2013. Hamburg: Statista GmbH.

Statista. (2013b). Textil- und Bekleidungsindustrie in Deutschland - Statista-Dossier 2013. Hamburg: Statista GmbH.

Statistisches Bundesamt. (2007). Klassifikationen *Abschnitt C - Verarbeitendes Gewerbe* (S. 7-9).

Steffenhagen, H. (2004). *Marketing. Eine Einführung*. (4. Auflage). Stuttgart.

Steger, Ulrich. (1994). Ökologische Aspekte des Markenartikels *Handbuch Markenartikel. Anforderungen an die Markenpoitik aus Sicht von Wissenschaft und Praxis* (S. 1941-1960). Stuttgart: Bruhn, Manfred.

Stolz, Johannes, Molina, Horacio, Ramírez, Jesús, & Mohr, Nikolaus. (2013). Consumer's perception of the environmental performance in retail stores: an analysis of the German and the Spanish consumer. *International Journal of Consumer Studies, 37*, 394-399.

Strasser, Lena. (2013). Faire Mode während der Berlin Fashion Week. Abgerufen am 07.05.2013, 2013, von http://www.getchanged.net/de/magazin/aktuell/faire-mode-waehrend-der-berlin-fashion-week-105.html?page=.

Tanner, Carmen, & Wölfing Kast, Sybille. (2003). Promoting Sustainable Consumption: Determinants of Green Purchases by Swiss Consumers. *Psychology & Marketing, 20*(10), 883-902.

Teller, Matthias, & Poelchau, Jurij. (2003). Managementstrategien für Nachhaltigkeit in der Informations- und Kommunikationstechnik *Auf dem Weg zur nachhaltigen Informationsgesellschaft* (S. 211-231). Marburg: Angrick, Michael.

TerraChoice. (2007). The 'Six Sins of Greenwashing'.

The Co-operative Group. (2012). The Ethical Consumerism Report 2012. Manchester.

Tucker, Raymond K. (1971). Reliability of Semantic Differential Scales: The Role of Factor Analysis. *Western Speech, 35*(3), 185-190.

Urien, Bertrand, & Kilbourne, William. (2011). Generativity and self-enhancement values in eco-friendly behavioral intentions and environmentally responsible consumption behavior. *Psychology & Marketing, 28*(1), 69-90.

Von Carlowitz, Hans Carl. (2013). *Sylivicultura oeconomica oder Haußwirthliche Nachricht und Naturmäßige Anweisung zur Wilden Baum-Zucht* (J. Hamberger Hrsg. Vol. Neuauflage 2013). München: oekom Velag.

Wagner, Tillmann, Lutz, Richard J., & Weitz, Barton A. (2009). Corporate Hypocrisy: Overcoming the Threat of Inconsistent Corporate Social Responsibility Perceptions. *Journal of Marketing, 73*(6), 77-91.

Weathers, Danny, Sharma, Subhash, & Wood, Stacy L. (2007). Effects of online communication practices on consumer perceptions of performance uncertainty for search and experience goods. *Journal of Retailing, 83*(4), 393-401.

Weber, Christian. (2001). *Formale Kriterien zur Beeinflussung der Glaubwürdigkeit von Dokumenten im World Wide Web.* (Doktor), Universität Bern, Aarberg.

Welters, Linda. (2009). The Fashion of Sustainability *Sustainable Fashion: Why Now?* (Vol. 2. Auflage, S. 7-29). New York: Fairchild Books.

Wild, Werner. (2002). Nachhaltigkeitsberichterstattung *Zukunftsfähige Unternehmen. Wege zur nachhaltigen Wirtschaftsweise von Unternehmen* (S. 95-107). München: ökom Verlag.

Wirth, Werner. (1999). Methodologische und konzeptionelle Aspekte der Glaubwürdigkeitsforschung. In P. Rössler & W. Wirth (Hrsg.), *Glaubwürdigkeit im Internet: Fragestellungen, Motive, empirische Befunde* (S. 47-66). München: Verlag Reinhard Fischer.

Zerfaß, Ansgar, & Piwinger, Manfred. (2007). Kommunikation als Werttreiber und Erfolgsfaktor. Handbuch Unternehmenskommunikation. Wiesbaden: Springer Verlag.

Ziemann, Anderas. (2007). Kommunikation der Nachhaltigkeit. Eine kommunikationstheoretische Fundierung. In G. Michelsen & J. Godemann (Hrsg.), *Handbuch Nachhaltigkeitskommunikation. Grundlagen und Praxis* (Vol. 2. aktualisierte und überarbeitete Auflage 2007, S. 123-133). München: oekom Verlag.